"中国劳模"系列丛书

U0723615

中国劳模

高炉上的"缝纫师"
蔺红霞

陈静怡◎著

吉林出版集团股份有限公司
全国百佳图书出版单位

图书在版编目（CIP）数据

高炉上的"缝纫师"：蔺红霞 / 陈静怡著. -- 长
春：吉林出版集团股份有限公司，2024.3
（"中国劳模"系列丛书 / 徐强主编）
ISBN 978-7-5731-4128-6

Ⅰ.①高… Ⅱ.①陈… Ⅲ.①蔺红霞－传记 Ⅳ.
①K828.1

中国国家版本馆CIP数据核字（2023）第159088号

GAOLU SHANG DE "FENGREN SHI"：LIN HONGXIA

高炉上的"缝纫师"：蔺红霞

出 版 人	于　强	
主　　编	徐　强	
著　　者	陈静怡	
组稿统筹	东北师范大学文学院创意写作研究中心	
责任编辑	王丽媛	
装帧设计	刘美丽	

出　　版	吉林出版集团股份有限公司	
发　　行	吉林出版集团社科图书有限公司	
地　　址	吉林省长春市南关区福祉大路5788号　邮编：130118	
印　　刷	唐山富达印务有限公司	
电　　话	0431-81629711（总编办）	
抖 音 号	吉林出版集团社科图书有限公司　37009026326	

开　　本	710 mm×1000 mm　1 / 16	
印　　张	9	
字　　数	95 千字	
版　　次	2024 年 3 月第 1 版	
印　　次	2024 年 3 月第 1 次印刷	

书　　号	ISBN 978-7-5731-4128-6	
定　　价	45.00 元	

如有印装质量问题，请与市场营销中心联系调换。0431-81629729

序 言

　　劳动创造财富，劳动创造幸福，劳动创造未来。习近平总书记在2020年全国劳动模范和先进工作者表彰大会上的讲话中指出："全社会要崇尚劳动、见贤思齐，加大对劳动模范和先进工作者的宣传力度，讲好劳模故事、讲好劳动故事、讲好工匠故事，弘扬劳动最光荣、劳动最崇高、劳动最伟大、劳动最美丽的社会风尚。"当今世界，综合国力的竞争归根到底是科技人才和高素质劳动者的竞争。改革开放以来，我们强大的工人队伍用辛勤的劳动和拼搏奉献的精神推动中国制造、中国智造、中国创造走向世界的前列，新时代的中国面貌日新月异。大力弘扬劳模精神、劳动精神、工匠精神，加强高素质技能人才队伍建设，打造一支宏大的知识型、技能型、创新型劳动者队伍，是伟大时代赋予我们的历史责任。

　　劳动模范是民族的精英、人民的楷模，是共和国的功臣。自改革开放以来，广大职工勇立改革潮头，独立自主，奋发图强，勇于创新，其中涌现出一批批全国劳模和大国工匠。他们参与建设了代表中国高度、中国速度、中国深度的一系列重大工程，提升了国家实力，打造了"中国名片"，树立了"中国品牌"，增添了"中国力量"，充分释放出工人阶级的创新活力，展示出大国工匠的强大创造力。他们以工人阶级的满腔热忱在各自平凡的工作岗位上取得了辉煌的成绩，书写了新时代的壮丽篇章。

爱岗敬业、争创一流、艰苦奋斗、勇于创新、淡泊名利、甘于奉献的劳模精神，崇尚劳动、热爱劳动、辛勤劳动、诚实劳动的劳动精神和执着专注、精益求精、一丝不苟、追求卓越的工匠精神，是广大劳动群众在社会生产实践中锤炼形成的弥足珍贵的精神财富，是工人阶级伟大品格的具体体现，是民族精神和时代精神的生动诠释。民族复兴需要劳动模范，祖国强盛需要大国工匠，中国制造、中国智造、中国创造更需要大国工匠的强有力支撑。劳模、工匠等的成长故事、先进事迹中承载的劳模精神、劳动精神和工匠精神，是激励全国各族人民团结奋斗、勇往直前的强大精神力量。

"中国劳模"系列丛书，采用图文结合的方式，讲述全国劳模、大国工匠和先进工作者们的成长经历及他们追梦、筑梦、圆梦的故事，用他们在平凡岗位上创造不平凡业绩的真实故事感染读者，推动形成劳动最光荣、劳动最崇高、劳动最伟大、劳动最美丽的社会风尚，引导广大技术工人和青少年形成劳动光荣、技能宝贵、创造伟大的观念。

"匠心筑梦，强国有我。"新时代是一个万象更新、生机勃勃的时代，也是一个继往开来、创新创业和建功立业的大时代。希望广大读者能以劳动模范为榜样，以大国工匠为楷模，立志技能报国、技术强国，踔厉奋发，勇毅前行，锤炼思想品格，汲取劳动智慧，勇于担当、勤于钻研、甘于奉献，为推进新型工业化和乡村振兴，为加快建设制造强国、质量强国、航天强国、交通强国、网络强国、数字中国、农业强国，全面建设社会主义现代化国家贡献青春力量。

中华全国总工会副主席（兼）

中国航天科技集团有限公司第一研究院

211厂14车间高凤林班组组长

2022年11月

蔺红霞，女，汉族，中共党员，1976年12月生，山东莱芜人，现为莱芜钢铁集团建筑安装工程有限公司技术服务中心副经理。

2002年，蔺红霞进入莱芜钢铁集团建筑安装公司工作，成为一名电焊工。原本是一名护士的她，在面对跨度如此之大的转岗时并没有退缩，而是以沉稳踏实的品质为矛，日益进取，精益求精，闯过了技术上的一个又一个难关。她用自己的行动展现了巾帼不让须眉的风采。在熟练掌握基础技术以后，蔺红霞又开始学习新技术，挑战高难度技术，锐意进取，大胆创新，她先后掌握了气体保护焊、埋弧焊、电渣焊、氩弧焊等多项电焊高难技术，最终从一名"门外汉"成长为"钢铁织女""电焊之花"。

自2012年起，蔺红霞曾获得"全国技术能手""齐鲁大工匠""全国五一劳动奖章""山东省优秀共产党员"等荣誉，并当选党的十九大代表。在此过程中，她不仅自学自研，而且还带动身边青年人一起勤学苦练，牵头成立了"劳模工作室""齐鲁大工匠创新工作室"，不仅为技术工人提供了合作创新的平台，还遵循"工匠身边出工匠，劳模身边出劳模"的理念，让技术在口传心授中得到传承与发展，最终使劳模精神、劳动精神、工匠精神之花遍地开放，结出累累硕果。

蔺红霞在电焊岗位上兢兢业业地工作，以爱岗敬业之心不断拼搏、不断奋斗、争创一流；以创新之能不断进步、不断提升、荣获专利；以大国工匠之道不断专注、不断精益、尽心雕琢。她以钢铁为锦、焊枪为针，穿针走线，最终成为一名高炉上的"缝纫师"。

目　录

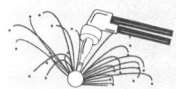

第一章　贫乐童年

穿补丁衣

1976年12月，那是一个少有的严冬。在山东省莱芜县（今济南市莱芜区）方下镇石泉官庄村一户姓蔺的家里，一名女婴呱呱坠地。这是蔺家的第三个孩子，也是第三个女孩，父母为她取名为红霞。新生命到来的喜悦还没有持续太长时间，小红霞的父亲不慎染病，就住进了医院。还没出月子的母亲一边要照顾病榻上的丈夫，另一边还要照顾三个年幼的女儿。从家到医院有40里路，母亲每天都要走上一个来回。老人们讲，月子里最容易落下病，母亲的过度操劳也使她患上了强直性脊柱炎，并一直伴随她终生。

母亲患病给这个家庭蒙上了一层阴影。几年的时间里，父亲带着母亲跑遍了莱芜的所有医院，中药、西药、民间偏方，各种方法都尝试了一遍，但母亲的病不但没有丝毫好转的迹象，反而一日重过一日，后来到了不能工作的程度，母亲就连走路也需要拄拐杖辅助。小红霞的父亲是莱芜铁矿的一名工人，他一个人的工资既要负担全家人的生活费用和三个女儿的学习费用，又要负担妻子的医药费,这使本就不富裕的家雪上加霜。

作为家里最小的孩子,小红霞几乎从小就没有新衣裳穿。一件衣服,往往是大姐穿了二姐穿,二姐穿过了才能轮到小红霞穿。这时候的衣服大都已经很旧了,甚至有的衣服都看不出它本来的颜色。鞋子也是一样,有的鞋子的鞋尖都露出了脚指头,母亲只能缝缝补补后再给小红霞穿。小红霞一年之中最高兴的时候是过年,因为这时候母亲会为姐妹三人各做一套新衣服——大多会是红、粉这样好看的颜色,父亲也会为她们每人准备一条漂亮的纱巾作为新年礼物。每到这个时候,小红霞都会异常兴奋,在除夕的时候把它们工工整整地放到枕边,第二天起个大早,为的就是能在新年的第一天穿上新衣服美一美。

小红霞虽然一直是父母眼中最懂事的那个孩子,但有的时候也会因为总是穿姐姐们剩下的衣服而感到委屈,因此也会向父母要要小脾气。有一次小红霞甚至赌气跑出家去,故意让家里人找不到她,那一次可把父母和两个姐姐急坏了,全家人找了大半天才找到她。但是父母并没有因此而斥责小红霞。母亲说:"你穿不上新衣服都是因为我啊,如果我不是天天病在家里,咱家也不至于这样。等以后我不用再吃药了,咱家条件好了,我把新衣服都给你补上。"听母亲这样说,小红霞也哭了,她觉得自己太不懂事、太任性了,非常自责。从此以后,小红霞再也没有跟父母提出过想要穿新衣服的事情。

⊙ 蔺红霞（中间拿花者）4岁时的全家合影

言传身教

良好的家风家教是父母给孩子最宝贵的礼物，是孩子成长过程中最肥沃的养料。蔺红霞的母亲是一个善良朴实、待人友善的农村妇女，所以蔺家也常常成为村民们闲谈的聚集地。尤其在盛夏，村子里的大娘、大婶都愿意来到蔺家的大树下边干手工活边纳凉，母亲总是热情地招呼大家。

母亲会理发，这也是最让小红霞佩服的。在那个时候，很多村都是没有理发店的，头发要是长了，村民就由家里人互相打理，小红霞姐妹三人的头发就是由母亲来剪。母亲剪的头发既整齐又漂亮，让别人都很羡慕。于是，村子里的一些婶子、大娘也来向母亲求助，希望母亲也能帮她们理一理。母亲也总是能理出让她们满意的发型，获得婶子、大娘们的啧啧称赞。后来，母亲为此还专门准备了塑料布和专用的剪刀，一直免费为村民们服务了很多年。直到她病情恶化，不能再自由活动才结束了这项义务工作。

小红霞的母亲不但以身作则，还教育孩子们要乐于助人、要与小朋友们和睦相处、要知书懂礼，这深刻影响了蔺家三个孩子的成长，使她们总能在别人需要帮助的时候伸出援手。

石泉官庄村东边有个小水库，冬天一到，这里就成了村里孩子天然的"游乐园"，他们成群结队地在这里玩耍，或两个一队，或三个一群，在冰面上做着各种游戏。有一年冬天，小红霞正在和小伙伴们一起在冰面上玩游戏，突然冰面上发出冰裂的声音，小红霞和伙伴们赶紧跑到了岸上，并呼喊远处其他的小朋友。但是，还是有一个小姑娘因为跑得不及时，掉进了刚刚开裂的冰窟窿里，这可吓坏了岸边的其他小姐妹。其中机灵一点儿的孩子赶紧往村里跑，想找大人来施救，更多的孩子却都没了主意，甚至有的早已被吓哭。此时的小红霞，既没有害怕，也没有慌张，而是镇定地在不远处的树林里找了一根粗壮的木棍，将木棍伸给冰窟窿里正在挣扎的小姑娘，大家齐心协力，把她拖了出来。小红霞和小伙伴们的机智和勇敢得到了大人们的夸赞，而大家不知道的是，更让小红霞欣喜的是，她真真切切地感受到能够帮助别人是一件多么让人开心的事情。她觉得，那个寒冷的冬天都因为自己和小伙伴们的举动而变得格外温暖。

与母亲相比，虽然父亲一直在外工作，在家的时间相对较少，但他的一言一行仍然给蔺家三姐妹很深的影响。在家里，父亲一直是顶梁柱，虽然在莱芜铁矿的工作并不轻松，但他依然尽心竭力地照顾好家庭。在母亲因生病而生活不能自理以后，父亲每天都是天还没亮就起床，先去地里把农活干完，然后回到家里照顾母亲和三个女儿起床、吃早饭，再骑着自行车，去十几公里外的厂里上班。即便如此，在工作中，父亲也一直兢兢业业。在厂里，父亲从一名普通的基层工人一步步成为生产调度的行家里手。他常常跟三个女儿说："无论做什么事情都要尽最大努力把它做好，有的时候我们的能力也许还不够，但是我们的精神一刻都不能放松，更不能事情还没做完，我们就扔下不管了，要坚持不懈、从一而终，不能给自己留下遗憾。"在父亲的影响下，蔺红霞从小就养成了吃苦耐劳、坚韧不拔的性格，这也是支持她在日后工作中始终向前的精神动力。

床前孝女

　　虽然家里一直没有停止过给母亲寻医问药，但是母亲的病仍然一日比一日重，到了后来，母亲已经不能自由活动，每天只能待在家里，隔着窗户看外面的世界。对于她来说，能到院子之外去看一看，都成了一种弥足珍贵的"享受"。

　　在母亲去世以后，蔺红霞常常感到自责。自己从卫校毕业

⊙ 11岁的蔺红霞（左一）与本村的姐妹、表姐（右一）在村口的火车道上合影

后就在医院工作，每天用轮椅推着患者进进出出，但却没有想到也为当时的母亲买一副轮椅，她每天也可以到外面去转一转。其实，只有家里人知道，在母亲生病的那段日子里，蔺红霞可以称得上名副其实的床前孝女。

当时，蔺红霞的父亲每天要按时去厂里上班，大姐、二姐已经出嫁，每天在病床前照顾母亲的工作基本都是蔺红霞来完成的。蔺红霞觉得，她有义务为病中的母亲减轻痛苦，使她生活更舒适一些，同时也有责任为父亲分担一部分生活的重担。但是，对于瘦小的蔺红霞来说，这件事其实并不轻松。尤其是母亲大小便时，每一次对于红霞来说都是一次极大的挑战。她需要先拿来一把椅子放在母亲的床边，然后将便盆架在椅面上。接下来就到了最为困难的步骤：将母亲一点点挪到便盆上。虽然母亲体重较轻并且每次都竭尽所能地配合她，但对于还未完全成年的蔺红霞来说，她仍然极为力不从心。更麻烦的是，由于平时没有活动，母亲经常会出现无法正常排便的情况，蔺红霞只能尝试用手指将粪便抠出来。每每遇到这种情况，母亲都眼含泪水奋力挣扎，制止她这样去做，但蔺红霞依然"我行我素"。母亲总是说："天底下哪有我这样的妈？一天天不能给女儿们做什么，还得连累你们。我还不如死了算了。"蔺红霞听到母亲这样说，心如刀绞，母亲当年是因为生她之后过度操劳才患上的这种病，她总是努力平复自己的心情再来安慰母亲："不管你成什么样，我都会好好照顾你，让我一直有个娘在，叫娘的时候有人答应。放心吧，等以后你病好了，就带你出去旅游。"

遗憾的是，母亲并没有等到能够去旅游的那一天。1999年，她带着对女儿们的爱与牵挂，离开了这个世界，这也是蔺红霞一生的遗憾。

第二章　学海泛舟

初入卫校

初中毕业以前，蔺红霞一直在石泉官庄村上学。村里的学校条件和师资都有限，那时候蔺红霞常常把台历的背面当作本子写，把卫生室的针剂纸盒当作铅笔盒用。当时家家户户的农活都很重，尤其到了秋收季节，孩子们都需要在家帮助大人干农活。虽然累，但这样的生活也锻炼了孩子们的意志，使他们养成了吃苦耐劳、勤俭节约的好品质，这是一笔极其难得的精神财富。这些也对蔺红霞和她的伙伴们此后的工作与生活产生了非常重要的影响。

1993年，蔺红霞初中毕业，那时的她面临着重要的人生抉择。在那个年代，是继续读高中还是去读中专，对很多人来说都是一道不容易做但又必须面对的选择题。经过一番权衡和考虑，蔺红霞决定报考莱芜卫生职工中专学校（简称"莱芜卫校"）的医士专业。后来，她在这里度过了三年难忘而充实的学习时光。

之所以报考莱芜卫校，蔺红霞的想法其实很简单，她如果自己学了医,就能更好地照顾患病的母亲,甚至有可能亲自给母亲开药治病。每每想到这里,蔺红霞都会更加刻苦地去学习专业知识,更加认真地去完成实践操作课程。平时上课,蔺红霞总是早早来到教室并开始学习,而下课后,她又是最后一个离开教室的学生。即便是在平时可以休息的时候,她也丝毫不松懈,甚至在走路、吃饭的时候也会拿着书看上几页,而晚上寝室熄灯以后,她则会想尽办法再多学上一会儿。虽然最开始的时候,艰涩的药理学、生理学课程对于蔺红霞来说并不容易,但是她硬是凭借着一股钻劲儿和韧劲儿坚持了下来。随着学习的不断深入,蔺红霞对医士专业的课程也慢慢产生了极大的兴趣,尤其是关于人体生理结构的知识使她感觉到新奇、有趣,也唤起了她极强的求知欲。与此同时,她的成绩也开始在学校名列前茅,她也在班级担任了学习委员的职务,这对蔺红霞来说又是一个巨大的鼓励与鞭策。

俗话说学海无涯苦作舟,蔺红霞学习之路也并不总是一帆风顺,偶尔也会出现一些困难。一次解剖课上,学习的内容是手术缝合术,同学们需要以小白兔为对象进行练习。授课老师在进行一次示范以后,要同学们上台操作。此时整个教室却鸦雀无声,所有同学你看看我、我看看你,吓得大气都不敢出,生怕老师先点到自己的名字。此时,作为学习委员的蔺红霞,虽然心里也一个劲儿地打鼓,但她想到自己应该为同学们做出

⊙ 1996年，蔺红霞（前排右一）在莱芜卫生职工中专学校的毕业合影

表率，于是她定了定神，深吸一口气，慢慢地走上操作台，对老师说："老师，我先来试一试吧。"老师满意地对她点了点头。

本来，在正式操作之前，她在心里反复回忆着相关知识与操作要点，觉得有把握了才拿起了器械，谁知道这时候手却不争气地颤抖了起来，蔺红霞的脑门上也渗出一层细密的汗珠，而面前痉挛的小兔子更是使她异常慌乱，大脑霎时间像是被掏空了一样，一片空白。蔺红霞站在操作台前一时间不知所措，但老师并没有责备蔺红霞，而是微笑着在旁边一遍遍地告诉她操作要领和技术要求，还不时给她鼓励与安慰。蔺红霞也随着老师的声音，在心里一遍遍默念着："手要稳，心要狠，缝要准。"终于，她慢慢地镇定下来，一步一步按照要求做了下来，顺利完成了整个操作流程，获得了老师的赞赏，也为后续同学们的操作开了一个好头。这一刻，蔺红霞不但觉得自己离目标更近了一步，而且觉得自己超越了自己，她更加坚信自己以后能成为一名合格的白衣天使。

"俭·爱"的故事

因为上学需要一笔不小的学费，而当时蔺家唯一的稳定收入来源就是父亲在莱芜铁矿上班的工资。这笔钱不但要支撑一家老小的日常所需，还要为患病中的母亲看病、买药。

那时，懂事的蔺红霞不想给父亲再增加负担，她觉得父亲已经很辛苦了，他在很艰难地支撑着这个家，她不能既不分担他的生活重担，还要给他增加经济压力。

蔺红霞思考良久，最终把自己的想法告诉了父亲："上学要花的钱太多了，我不念了，出去打工，还能给妈挣点儿药钱。"但让蔺红霞没想到的是，一向尊重她的选择的父亲听完以后竟罕见地发了脾气，他神情激动，一拍大腿说："这不是你该操心的事！你只要好好学，学出本事来，比什么都强！"

父亲的话不容蔺红霞辩驳，蔺红霞心里知道父亲是为了她好，但她又实在心疼父亲操劳的样子，于是在学校里，她尽量减少开支。食堂里的饭菜不贵，但一个月下来还是占了生活费的大部分，蔺红霞知道家里供她上学已是不易，这些钱她想能省则省。只要她多省下来一些钱，就可以给母亲买药，让她少受一点儿病痛的折磨；只要她多省下来一些钱，就可以买些东西孝敬父母，回报他们的养育之恩。

蔺红霞这样想着，决定不再去食堂吃饭。此后，她每周都骑着自行车回家一趟，为自己做一包袱火烧和炒一瓶咸菜，这样一周的伙食就够了。火烧金黄酥脆，一口咬下去咸香四溢，咸菜爽口下饭，就着火烧吃起来还算可口。在课后宁静的黄昏时，蔺红霞常常靠在宿舍的窗边，伴着渐渐西沉的余晖，一口火烧一口咸菜，吃着晚饭。虽然长时间吃单一的伙食很容易腻，但蔺红霞每每思及父母，便觉得就算只有火烧与咸菜，也很美味。

一周复一周，很快又到了回家的日子，蔺红霞背着包袱，骑着自行车往家的方向赶去。天刚下过雨，空气很清新，凉风吹拂在蔺红霞的脸上，伴随着阵阵被雨点激起的泥土气息一起进入蔺红霞的鼻腔中。她握着车把，自由自在地穿行在大街小巷中，点点泥花在车轮的带动下攀上她的裤脚。这时蔺红霞又想起父亲的话，父亲说，"学出本事来，比什么都强"。父亲的话是对的，只计较一时的得失，是无法从根本上解决问题的，只有走好自己眼前的路，学到了真本事，才能让父母过上更好的生活。

蔺红霞偶尔也会与同学一起逛街，有一次，她相中了一枚

⊙ 2005年，蔺红霞工作中留影

红色的发卡，爱不释手。蔺红霞平时节俭惯了，几乎没有买过什么饰品，看着别的姑娘能够随心所欲地打扮，她其实有些许羡慕。现在，这枚发卡要五毛钱，蔺红霞站在店里，犹豫了很久要不要买下来。边上的女同学看见了她喜欢又不舍得买的纠结样子，于是拍了拍她的肩膀，对她说："你平时已经很节俭了，今天就难得买个发卡奖励一下自己吧，这个也不是很贵。"

蔺红霞被她说动了，一咬牙还是决定买下来，然而她一摸口袋，发现自己把钱包落在了自行车篮里了，待她火急火燎地赶去车前，钱包早已不翼而飞。

钱包里装着的是蔺红霞辛辛苦苦攒下来的生活费，她本想给父母买些礼物，现在这一大笔钱丢了，她既气愤又伤心。回到家中，她把这件事一五一十地告诉了父母，本以为会被父母训斥，结果令她没想到的是，父母不仅没有责怪她，还给她做了一顿丰盛的晚餐。

看见蔺红霞在饭桌上坐立不安的样子，父亲缓缓说道："丢了就丢了吧，吃　堑长　智。省了这么多钱，平时是不是没有好好吃饭啊？"母亲夹了一块儿肉，放进蔺红霞的碗里，也说道："你只要把身体照顾好，把学上好，就是给我们最好的礼物。"

蔺红霞闷闷地点了点头，看着碗里可口的饭菜，眼眶一热，流下了眼泪。父母没有责备、没有训斥，只是对犯错的孩子给予关心与疼爱，钱乃身外之物，爱则是无价的，蔺红霞深深感激着父母的体贴与关爱，暗暗下定决心，以后一定要努力让父母过上好日子。

第三章　职场拼搏

香肠厂的苦与乐

1996年，蔺红霞毕业了，她周围的同学一个一个都离开了家乡，外出找工作。可对于蔺红霞来说，家是她最大的牵挂：母亲尚在病中，父亲还挑着家里的重担。已经有工作能力的她，舍不下家中父母，只想留在父母身边尽孝。

于是，她想到了村里的卫生院，想去那里工作，然而那里并没有空余岗位，不招人，她的一番打算落了空。还有什么出路吗？她苦思冥想，最终想出来一条出路：自己开一家诊所！

只是这个想法刚刚蹿出火苗，就被她自己掐灭了。

家里的经济状况不好，母亲病重需要吃药，父亲那点儿微薄的薪水，只够勉强支付医药费和生活费，这样的家庭条件，叫蔺红霞只能放弃这个想法。

天底下最了解孩子的莫过于父母，蔺红霞的困顿与踌躇，都被父亲看在眼里。这天夜里，他叫了蔺红霞来聊天。

堂屋内，昏暗的灯光下，父女相对而坐。蔺红霞很久都没有好好看过父亲了，只见他原本浓密乌黑的头发已变得稀疏，其中夹杂着不少白发；曾经坚毅精神的脸，如今也布满了深深的沟壑；从前硬朗挺拔的背，不知何时已弯曲、松弛下来……

时间如梭。二十年，能让蔺红霞从一个呱呱坠地的小生命长成一个能独当一面的大姑娘，也能让身强力壮的父亲变得衰老而孱弱——生活的重担压弯了父亲的腰。

蔺红霞感激父母的养育之恩，此时看见父亲苍老的模样，更是伤心的泪涌上心头。

父亲则开口问她："孩子，你是不是找不到地方工作？"

蔺红霞点了点头。

父亲又说："不要担心我们，我们能照顾好自己，你有你自己的人生，去外面找工作吧。"

屋内灯光昏暗，抹平了父亲脸上纵横的皱纹，窗外吹进凉爽的夜风，吹动着父亲的丝丝白发。蔺红霞却"倔强"起来，她学医，是为了能够更好地照顾母亲，她工作，也是想尽可能地补贴家用，让她离开，于情于理，她都放心不下。

父亲知道如果蔺红霞倔起来十头牛也拉不回，于是对她说："那你先找个班上着，不要闲着才好。"蔺红霞这才笑起来，此时她的心愿只有陪在父母身边，让他们的日子过得好一点儿。

这之后，蔺红霞经常留意镇上的招工信息，她与邻居家的姑娘四处打听，终于得知镇上有一家灌装香肠的小工厂在招人。

她们迅速去面试，并被留了下来。

因为这是一个小工厂，所以厂里的工人并不多，总共也就十几个人，且大部分都是妇女。大家的年龄相差很大，有像蔺红霞一样上完学出来打工的年轻姑娘，也有孩子外出上学、自己在家里找份活干的中年妇女……

在香肠厂打工并非易事。这份工作的主要内容就是灌装香肠。工厂不大，装着肉料的容器和挂着香肠的铁架就占了很大一部分空间，蔺红霞和工友们只能挤在一块儿石案的生产线上工作。工人们要将肉料装进一米长的肠衣里，随后不停地拧转，拧成一颗颗狗头枣那么大的枣肠，随后将一根根拧好的肠挂在铁架上。

俗话说三个女人一台戏，大家坐在一起嘴皮子就闲不下来，工厂里十几个女人，嘴上聊着家长里短，手里的活一点儿也没落下。上过学的就和大家说说学校里的事，没上过学的就聊一聊这几年工作的事，遇见了什么人，做了什么有趣的事……或喜悦，或嗔怪，或气恼，大家要么同仇敌忾，要么笑成一团。还有的时候，大家比着说笑话、讲段子，非得把所有人肚子都笑痛了才罢休。总之，蔺红霞每天都处在欢声笑语之中。

在香肠厂打工的日子，有乐也有苦。

灌装香肠有道工序是沾冷水，目的是让肉料里的猪油在低温下凝固，这样就可以保证肉料的黏稠度，同时也能锁住香肠的水分。这道工序，别的季节做起来没什么感觉，但是一到冬天，这滋味就不好受了。

工作中，蔺红霞虽然会穿上防水的围裙和靴子，可是冬天的时候防水衣物会又硬又凉，戴着手套灌装香肠无论如何都不方便。蔺红霞只能将冻红的双手放进冷水里，一如既往地进行灌装工作，直到下班，她才能把冻僵的手放进口袋里暖一暖。

这样的日子持续了整个冬天，所有人都很不好受。一段时间后，蔺红霞的手上就生了冻疮，又疼又痒。年长一点儿的大姐经验比较多，看见蔺红霞手上的冻疮如此严重，摸着她的手叹气，"小姑娘年纪轻轻的，手冻成这样啊！"随后她将生了冻疮的人喊到一起，教了他们一些治疗冻疮的土方子。

"姐，这真的管用吗？"邻家姑娘眨眨眼，一脸不敢相信的模样。

"不管用你来找我！"大姐自信地笑，拍拍胸脯，随后亮出了她的手，正反面都亮了亮，"瞧瞧，没生冻疮吧！"不管怎么说，蔺红霞都准备回去试试，当天晚上，她就准备好东西：晒干的朝天椒和一盆开水。她按照大姐教的办法，将朝天椒放进沸水里煮了十分钟，待水稍微凉一些后，就把双手浸在水里，说实在的，是真真地刺痛！和寒冷的刺痛不同，寒冷的刺痛是长驱直入的，冷峭的，而这辣椒水的刺痛，是滚滚而来的，强横的！短短几秒，蔺红霞就感到手像被火燎起来那样烫，她咬牙忍着，等待着辣椒水散尽热气。

就这样，蔺红霞靠着这个好法子度过了寒冷的冬天。她在香肠厂打工一年多，每天下班前计件，她都比别人多拧出许多香肠。她从不觉得多干活是吃亏，相反，"多劳多得"一直是她的工作信条。她满意自己如此能干，满意自己能靠着双手挣钱为母亲买药治病，也满意自己能够帮着父亲分担养家的重任。这份通过劳动换来的喜悦，让她为自己感到骄傲。

每天下班以后是蔺红霞一天中最幸福的时刻。有时候遇到下雨，回家的路就会得泥泞不堪，当时镇上还没有公路，都是土路，一沾雨她就犯愁，她不想让鞋上和裤子上沾上泥点子，因为她没有更多的衣服供她换洗。于是蔺红霞便会约上邻家姑娘，她们一起沿着铁路走回家。

长长的铁路，像丝带一样伸向远方，远处的苍穹与田畴在地平线上亲吻，翻腾的层云与劲风在空中游荡。蔺红霞走在铁路上，脚下是规整排列的枕木与松散的石子。她觉得自己的人生就像一辆刚刚启程鸣笛的火车，满怀着动力与希望，奔驰在这连绵不绝的轨道上——虽然轨道长长一眼望不到终点，但目的地一定在前方。只要有个目的地，有个奔头，蔺红霞觉得，哪怕这路途再遥远、再曲折，她都心满意足，甘之如饴。

扎针能手

蔺红霞在香肠厂打工的一年多让她深深体会到劳动的价值。1998年，在莱芜铁矿上班的蔺父内退，蔺红霞接班，她被分配到了莱芜铁矿医院当护士。

蔺红霞在莱芜卫生职业学校读书的时候，正好就在莱芜铁矿医院实习，所以她对这里的环境还是比较熟悉的。如今她再次看见了熟悉的病房、闻到了弥漫在空气中的消毒水气味，忽然心头一阵恍惚，好像她昨天还在这里实习。但这只是一瞬间的错觉，片刻之后，蔺红霞反应过来：如今她即将正式成为这里的一名护士了。内退接班属于临时工，只有等父亲正式退休的时候，医院才会正式录用，她才能拥有正式编制。

报到这天，蔺红霞是被父亲骑着"二八"自行车送到单位的。

这天早上，父亲早早地推出了自行车，等在家门口，随后载着蔺红霞轻快地穿过村道。村道是一条略显宽阔的小路，两边种了一排排国槐，像是一个个绿色卫兵驻守在路旁，自行车轮卷起地上的尘土与落叶，蔺红霞四处观望，两边高大的国槐迅速向后退去，一阵清风拂过，树叶沙沙地摩挲，如林涛阵阵，传到耳中煞是好听。

蔺红霞坐在车后座，搂着父亲的后腰，虽然他的脊背早已不如从前挺拔，可还是能严严实实地为蔺红霞遮风挡雨。

父亲沉默了一路，临走前，他语重心长地叮嘱蔺红霞：

"你到了单位以后，不管分配到什么岗位，都要好好干，要脚踏实地，一步一个脚印地去干好，不能半途而废，再苦也要坚持下去。"

蔺红霞的眼中满是兴奋、期待与憧憬。她明白，这份能去医院工作的机会是非常珍贵的，所以她比任何人都要珍而重之。蔺红霞听到父亲这么说，拍拍胸脯说道：

"爸，您放心，我会干得很好，决不让您失望！"

果然，蔺红霞认真地履行了自己的承诺。

蔺红霞虽然接受过医士专业的系统学习并参加过实习，但对于护士专业却了解不多，很多东西都要从零开始学习。铺床、量体温、配药、扎针……她样样都得学。在医院，无论是工作环境还是薪资待遇都比在香肠厂打工好了很多。比如，衣服不会被沾上水和肉料，每天都很整洁；冬天也不必在冷水中煎熬，更不会患上冻疮……但是相对的，工作的内容也变得复杂起来，比起以前单一的灌装香肠、拧香肠，她现在每天要严格地执行护士的"三查七对"：操作前查、操作中查、操作后查、对床号、对姓名、对药名、对浓度、对剂量、对用法、对时间。她每天都要打起十二分的精神去学习处理这些事，否则一旦出了差错，轻则影响治疗效果，重则危及病患生命。

这份对病患的责任感，成为她的动力。蔺红霞每天勤奋学习，虚心向老师请教，大有古时宋濂"援疑质理，俯身倾耳以请"的样子。这其中，让蔺红霞至今记忆犹新的莫过于学习扎针。

扎针是护士的一门必修课。在实习的第一节课上，带她的老师详细地讲解了操作方法并亲自示范了一遍。课下蔺红霞就找了块儿西瓜皮，在上面不断练习、找手感。有时候她也会收集一些废弃的输液管，在上面铺一层布，来模拟皮肤和血管，这比西瓜皮要更真实一点儿。练习了一段时间后，蔺红霞觉得心里有些底了，就在老师的带领下开始了她人生中的第一针。

蔺红霞的第一位病人是一位患了冠心病的王姓大爷。王大爷六十来岁，眼窝处有些凹陷，头发大半都白了，精神状态不是很好，做什么事都是徐徐缓缓的，他也不怎么说话，但是一张口却声如洪钟。蔺红霞第一次见到他，觉得他就像过去家族里的老太爷，不怒自威，沉稳持重。

老师看见这位王大爷手掌宽厚，骨节分明，手背上的血管也比较粗壮，这样的血管是比较适合新手的，于是就把蔺红霞喊来："你来试试。"

蔺红霞应了一声，心里一阵紧张，以前她只扎过西瓜皮和废管子，真正的实操这还是第一次。这样想着，蔺红霞心里发虚，双腿发软，脚下犹如踩了棉花。虽然扎针的流程她早已练习过千百遍，程序倒背如流，可现在在众目睽睽之下，她的脑中却一片空白，只有一个内心的自己在脑海中大喊："不要紧张，像以前一样！"

可越是这样想，蔺红霞便越紧张，有那么一个瞬间，她甚至想落荒而逃。她开始凭着肌肉记忆僵硬地为王大爷绑上止血带、消毒，当她拿起输液器针头准备扎的时候，一直沉默不语的王大爷开口了：

"新来的吧？第一次扎针？"

蔺红霞霎时心惊肉跳，本来就紧张的她更是明显地绷紧了身子。她当下心乱如麻，陷入了踟蹰：她怕给王大爷扎针，但也怕王大爷嫌弃她不让她扎针，左右为难的想法斗争良久，最终她把心一横：嫌弃就嫌弃了，这一关总是要过的！

于是她闷闷地"嗯"了一声，也不敢抬头看王大爷，按着王大爷的手就准备扎。可针到眼前，蔺红霞发现针头在微微颤抖，继而发现是自己的手在颤抖，她虽然努力控制但仍是稳不下来，额上渐渐沁出了一层薄薄的冷汗。终于，她咬紧牙关扎了上去，结果用力过猛，针头刺穿了血管，失败了。

蔺红霞慌乱地看了一眼老师，发现老师并没有要批评她的意思，反而用眼神鼓励她再试一次。于是蔺红霞硬着头皮准备再扎一次，可这次她的心理压力比刚才那一针还大，整个人都在微微颤抖，结果自然又失败了。

看见这个情况，王大爷说话了："不行就让你老师来吧，你再多学习学习，以后再来扎。"

蔺红霞的眼眶渐渐湿润，她知道无论是王大爷，还是老师，都没有责备她的意思，反而眼神里尽是安慰。但是蔺红霞知道，还是自己的心理素质和技术不过硬，平白叫别人受累。蔺红霞为自己感到难堪，她低下头，向王大爷道歉："对不起，扎疼您了！"王大爷毫不在意地摆了摆手，并没有多说什么。老师随后过来了，轻轻拍了拍蔺红霞的肩膀，安慰道："没事，以后熟练了就好了，我来吧。"

蔺红霞点点头，默默地在旁边学习。老师和病人对她这么好，她却因为心里紧张不能完成任务，这令她十分不甘。她擦干泪痕，攥紧拳头，暗暗下定决心：我一定能行，必须行！

下班以后，别人都收拾东西回家了，蔺红霞还坐在休息室里，一遍又一遍地用废弃的输液管练习扎针，这次她把重点放在找手感、练手稳上。就这样，蔺红霞又开始了她每天刻苦的"修炼"：平时照常上班，工作空闲的时候向老师请教扎针的技巧，下班以后练习扎针技术，日复一日，没有一天停歇。很快，第二次实战的机会就来了，这次蔺红霞"临危不乱"，心静手稳，出色地完成了她的"人生第一针"。看着蔺红霞长舒

⊙ 1998年8月，22岁的蔺红霞在莱芜铁矿医院从事护士工作时留影

一口气，老师向她投来赞许的目光，也衷心地为她感到高兴。

有了这一次的成功以后，蔺红霞信心大增，之后再有新来的病号，一有扎针的机会她就抢着去。功夫不负有心人，她的扎针技术越来越好。先前她只能扎明显的、粗壮的血管，后来她见识过了形形色色的血管：血管粗的，血管细的，血管明显的，血管不明显的……她都能得心应手，俨然已经成为一位扎针行家。由于扎针技术好，有些老病人还会专门请蔺红霞来给他们扎针，有位体形较胖的阿姨，每次都特意要求蔺红霞来为她扎针，有护士长来看看，她就马上乐呵呵地说："这小姑娘技术好，有耐心，扎针一点儿都不疼！"

除了扎针，蔺红霞其他工作也表现得非常优秀。每天的"三查七对"，她都一丝不苟地完成，铺床、量体温、配药更是游刃有余。最重要的是，她还有一颗关怀病人的责任心。

蔺红霞在内科当值的时候，医院接收了一位服毒的病人，在尽力抢救以后，他转危为安，被送进了普通病房。病人虽然转危为安，但是后续的插管非常痛苦，蔺红霞每隔一段时间就要给他打一次哌替啶，如此频繁的注射让病人感到烦躁，蔺红霞为了防止他用力导致针管回血，时刻留心着固定他的手腕。这样一"留心"，就是三天两夜，出于对病患的责任心，她几乎没怎么合过眼，虽然她熬得眼下青黑，但她看见病人能逐渐康复也很欣慰。

不久之后，来先铁矿医院组织了一场"护理技术比武"，蔺红霞也报名参加了。虽然她还是个工作没多久的临时工，但在这场比赛中，她凭借着这段时间积累的护理经验，竟然超越了很多工作好几年的老护士，最终获得了第五名的好成绩！不得不说，她能取得如此成绩，与她真正热爱这份职业、这份工作有很大关系。都说护士是一份又脏又累的活，蔺红霞却从不计较这些，她只想一心一意地照顾病人，尽心竭力地为他们提供帮助与便利。她在各个科室轮过岗，在外科时为主刀大夫递过手术刀，还将已故病人的遗体运往太平间……她在医院里见惯了众生百态，感慨更多的是生命如蝉翼般轻薄脆弱。所以，作为一个医护人员，她最想看见的就是痊愈的病人们带着笑容平平安安地出院。每当有老病号出院，她和其他医护人员既开心又不舍，即便他们再不舍也会告诉病号希望"后会无期"！

一名合格的护士需要做到：体贴、关爱病人；拥有"不辞辛劳，舍己为人"的高尚情操；具备脚踏实地的工作作风和规范熟练的护理技术；保持宽容待人的真诚心态。这每一点，蔺红霞都努力用实际行动认真去践行，从某种意义上来说，她已经成为一名当之无愧的优秀护士，如果没有遭遇接下来的变故，蔺红霞可能会在护士这条路上越走越远……

"一线天"的风景

2001年，"减员增效"的改革之风终于吹到了蔺红霞所在的医院。所有临时工都将被辞退，并转岗到莱矿新型建材厂制作空心砖。

那天天气有些阴沉，阳光被厚重的云彩遮了个严严实实，只能从云缝中隐隐窥见一点儿，空中时不时飘些毛毛细雨，估计到晚间，就要下大了。蔺红霞刚为一位吊水的病患换完水，手里还拿着空的输液瓶，就被护士长告知她将要被辞退这件事。

她当即木在原地，这段时间"减员增效"的消息传遍全国，她不是没有听到过，她也早就意识到自己也有被"裁员"的可能。这段时间，她的一颗心悬在空中，晃呀晃的，晃得蔺红霞心神不宁，晃得她彻夜难眠。直到真正被告知这个消息时，她苦心维持良久的防线终于崩塌了。她紧紧捏着输液瓶，低头不语。护士长看着她，也是于心不忍，蔺红霞的优秀和努力，她都看在眼里，平心而论，蔺红霞的护理技术不输在这里工作很多年的老护士，人很开朗，心地也善良，最重要的是，她踏实努力，要是能一直干下去，未必是林中鸟、池中物。

可惜临时工的这个身份，最终阴差阳错地成为折断她羽翼的利刃。

回顾这几年，蔺红霞自认为做得不差。这条路是她凭借百倍的努力与韧劲，一步一个脚印走出来的，现在告诉她此路不通，她之前走过的这么多路都白走了，换谁也不容易接受。但是现在她别无选择，她只能强迫自己接受这个事实。

"小蔺，正式通知晚上才下来，你先准备准备，还挂念着谁，去和他们打声招呼吧，晚上我们请你吃饭，就在西大街的大排档。"护士长也是神色黯然，伸出手来捏了捏蔺红霞的手，以作安慰。

蔺红霞挤出一个苦涩的笑容，说："通知晚上才下来，今天就让我再当最后一天护士吧。"

她刚说完这句话，护士站的按铃就急促地响起："33号床需要换药……"

蔺红霞条件反射地端起装着医疗器具的托盘，带好新输液瓶，匆匆地往病房去了。护士长听着她急促的脚步声渐渐远去，鼻尖也酸涩起来。

蔺红霞知道自己一旦进入了工作状态，就会全神贯注地忙起手头的事，于是她四处揽活，让工作占据自己的大脑，很快，"减员增效"的事被她远远地抛在了脑后。一会儿有一位病人需要吸氧，一会儿有一位病人需要输液，再过一会儿，又有一位病人需要办理出院，她去换床单、铺床……一整天，她马不停蹄地给自己加活儿、找事做，仿佛要把从此以后不能再当护士的遗憾转化为此时拼命工作的动力。

临下班的时候，她把自己的护士服叠了一遍又一遍，每次叠都觉得很不满意：要么衣服上压了一条褶皱，要么衣摆没有对齐。她其实已经叠得很好，然而她总是要追求完美，她固执地把叠护士服当作自己对这份工作最后的告别，叠到最后，她已是满头大汗，但她的心里没有半分的焦躁，只有无尽的哀戚与对这份工作的不舍。

最后一步，将衣摆翻折——她终于叠完了。蔺红霞心头仿佛有一座苍老的洪钟在低鸣，震得她五脏六腑都颤抖起来。她明白时间已到，该离开了。

蔺红霞转身，看见摆放规整的医疗用具，它们是她每天护理病人的好帮手；看见整洁清爽的护士站，她值夜班会在这里仔细翻看病人的病例；看见护士站外一间间熟悉的病房，这里有她最挂心、最亲爱的病人……泛黄的门框、亲切的消毒水气味，熟悉的走廊，病房里患者此起彼伏的鼾声，一切如常，只是从明天开始，这里再也没有她忙碌的身影。

蔺红霞的眼睛湿润了，此时她的心中是多么酸楚！就连心仿佛都快被撕裂了！她最后看了一眼这个承载她职业梦想的

"机场"——梦想在这里起飞，也在这里降落。之后她裹紧了衣服，走出医院大门，撑起一把格子花纹的雨伞，迈入滂沱大雨之中……

蔺红霞回到家中，陷入了一蹶不振的状态。因转岗交接还有一段时间，她去莱芜铁矿新型建材厂的工作还需要再等等，所以这几天，她难得的清闲。父亲得知此事也是沉默不语，只说让蔺红霞出去逛逛，别闷坏了自己。

蔺红霞小时候常和父母、两个姐姐一起出游，去得最多的地方，就是莱芜市郊的九龙大峡谷。那时母亲还能正常走动，蔺红霞记得最清楚的就是，那时候她很小，母亲把她抱在怀里，走过山涧，越过沟渠，她被母亲搂得紧紧的，母亲的发丝轻拂在她的脸上，痒痒的让人想打喷嚏。

时隔多年，蔺红霞心底的童年回忆被唤醒，于是她再次来到了这里。九龙大峡谷一如往昔，秀丽的自然景观没有太多改变。峡谷层峦叠嶂，侧岭横峰，一侧坡面背阳，岩体大片裸露，植被稀疏，缀着几点青绿，另一侧植被向阳而生，甚是繁密，大有"阴阳脸"之相。一座汉白玉拱桥横亘在两侧谷坡，供游人穿行，下侧便是一棵枯树，枝条蔓蔓，在拱桥的衬托下，像是月上的桂树，又像是一轮玉盘上的裂纹。偶尔听见远处有瀑布倾泻，远远看去，只见瀑布像条纯白轻纱覆在岩体之上，洇湿了裸露的岩石，瀑布自高处而落，激起碎玉飞珠，氤氤水雾，后坠入一汪深潭之中，潭水碧绿，翠可鉴人。

山明水秀的景色渐渐消解了蔺红霞心头的阴郁，她身着运动服，戴着一顶遮阳帽，手里拿着一部从朋友处借来的相机，四处拍照。

她攀过石云山，行过槐花峪，驻足湖心亭，俯瞰九女潭，一路风光美景尽收眼底。蔺红霞惊奇地发现，原来这世界处处有美色。最后她来到了"一线天"，这是两块峭立的巨岩，像是两个背靠背守卫的士兵，岿然不动，严阵以待。两岩之间仅有容一人侧身通过的空隙，逼仄狭长，蔺红霞刚挤进半个身体，就深感压抑，她背抵着冰凉的岩壁，慢慢地移动，鼻尖离岩壁只有一只手掌的距离，头顶是狭长岩缝泄出来的天空，细长明亮，可见"一线天"的称号不是浪得虚名。短短的十几米距离，蔺红霞硬着头皮走了很久，好几次她都以为自己要卡在这条岩缝里了，可最终她还是好好地走了出来，当她从岩缝里出来时，两侧陡峭的山岩与压抑难安的情绪被抛诸脑后，取而代之的是空旷窗阔的明媚景色与如释重负的惊叹——此前，她从未想过自己所处的天地是如此广阔。

宽阔视野下的景色她本已司空见惯，可经历过狭窄逼仄以后，她才明白这份宽阔的珍贵。只有曾走过狭窄的绝路，再次踏上平阔的土地才会觉得处处都有生机。

天色渐晚，峡谷之行也落下了帷幕。再过三天，她就要转岗建材厂了，此次的峡谷之行让她的心中开阔了不少，阴郁消散，只留下一团阻挡未知前路的迷雾。

三天以后，蔺红霞正式转岗莱芜铁矿新型建材厂。一开始，她负责启动设备，又过了一段时间，她被转去化验砖体。当熟悉的白大褂再次穿在蔺红霞身上时，她的心中五味杂陈，此白大褂非彼白大褂，她明白虽然这件衣服也是白色，但意义却不相同，承载的责任也不同了。有时候她也感到迷茫与困惑：干得好好的工作，怎么忽然就下岗了呢？

这时她的脑海中响起了父亲送她去莱矿医院时叮嘱她的话："你到了单位以后，不管分配到什么岗位，都要好好干，要脚踏实地，一步一个脚印地去干好，不能半途而废，再苦也要坚持下去。"

是的，既来之则安之。没有谁的人生能够过得一帆风顺，人生道路的选择，往往没有想象中那样容易，不见得每个人从一开始就能做好选择，也不见得每个人做出的选择都是自己真心期望的，但是只要坚持下去，一定能走出一条属于自己的路！

蔺红霞心中有一个朴素的想法：干一行，爱一行，精一行。她有信心，只要自己肯沉下心、俯下身子好好干，不论是什么样的岗位都能拼搏出精彩。大峡谷一行，让她明白，走过狭窄的路，才会更加珍惜平阔土地上的处处生机，天无绝人之路，有的只是上天给予的试炼与挑战，只要她有勇气走过这条

"狭窄"的路,前方迎接她的,必定是灿烂明媚的广阔天地!

抱着这样的信念,蔺红霞迅速整理好自己的心情,整装待发,以极大的热情投入检验与生产工作。她干的是化验的工作,可有空闲时,她也帮助其他同事去倒料。她每天都打起十二分的精神去化验砖体,操作过程中她十分认真,一丝不苟,就像她在莱芜铁矿医院里当护士时一样。和她一起在"减员增效"中转岗的同事都很困惑:都进厂了怎么还这么有活力?

蔺红霞笑道:"等着吧,好日子一定会来的!"

功夫不负有心人,很快,蔺红霞迎来了她人生中的一个重要转折点:报名参加莱芜钢铁集团冶金建设有限公司(后更名为莱芜钢铁集团建筑安装有限公司)的招聘。

蔺红霞之所以报名参加这次招聘,与她的家庭情况有一定关系。蔺红霞和丈夫是通过同事的介绍认识的。那时蔺红霞在莱芜铁矿医院当护士,丈夫则在莱芜铁矿当矿工。两个人都在莱芜钢铁集团工作,也都是临时工。

两个人还在岗位时,蔺红霞每天下了班,都会到丈夫的单人宿舍里去吃晚饭。丈夫会做一手好菜,都是蔺红霞爱吃的。有时蔺红霞要值夜班,不能来宿舍,丈夫就带着饭菜陪她值夜班。

可惜好景不长,"减员增效"的风波让他们两个人都被迫下岗。不久之后,莱芜钢铁集团又向莱芜铁矿下发了文件,大意是如果下岗职工的家在莱芜,可以去莱芜钢铁集团下的外地分公司工作。蔺红霞的丈夫报了名，身处莱矿新型建材厂的蔺红霞则陷入了两难。

如果蔺红霞选择了报名，那么她就要脱离现在已经适应的工作环境，去做一份她全然陌生的工作；如果她选择留在建材厂，那么将面临和丈夫两地分居的局面。她纠结了好一阵，几番比较，几番权衡，最终下定了决心。

她只有25岁，还是一个年轻的姑娘，还有大把的时间与精力去探索、去尝试。人生有很多的可能，墨守成规未必是件坏事，但是大胆尝试说不定能带来一场华丽的转变。

蔺红霞这样想着，毅然决然地报了名，参加了莱芜钢铁集团冶金建设有限公司的招聘。

莱钢冶建有很多适合女职工的岗位，例如行车和机床，但蔺红霞没有选择它们，而是偏偏选择了焊工这个岗位。很多人都不理解她的行为，明明有更适合女职工的岗位，为什么要选择同烟尘与火花打交道的焊接岗位呢？

蔺红霞的回答则是：兴趣。

第一次见到焊接，蔺红霞就被它的神奇力量吸引：一把焊枪、一根焊条，在焊工的熟练操作下，两块钢板就能在光与热的交织中轻而易举地融合起来。可能连蔺红霞自己也没有注意到，她对焊接的这份兴趣归根结底是来自于她的学医经历和护理经历。在她看来，两块钢板之间的缝隙就像病患的伤口，焊枪与焊条就像是缝合手术中的针与线，焊工就像医生一样，需要悉心对待每一条"伤口"，才能焊接出细腻平整的焊缝。

很多人都认为女职工就应该选择一份适合女性的工作，但实际上，这是对女性就业的刻板印象。蔺红霞没有被性别束缚住选择的方向，而是听取内心的声音，遵循自己的想法，以纯粹的热爱之心大胆地选择了焊工这一职业。就这样，蔺红霞成功通过了面试，成为莱钢集团大家庭中的一员。

粉碎性骨折

2002年年初，蔺红霞来到了莱芜钢铁集团冶金建设公司，这一年，她26岁。

蔺红霞清楚地记得，她上班时节正值春暖花开。说到春天，自然少不了花，莱芜市的市花是桃花，因此，莱芜市的道路两旁自然少不了桃树。每到天气转暖，气温回升的时候，桃树就会结出颗颗小花苞，稍一不注意，花朵就静悄悄地开放了。过不了几天，整树便开满了桃花，团团簇簇的粉色，煞是好看。

莱芜市种植桃花的范围很广，最多见的是在香山风景区，成片的桃林，大有"桃之夭夭，灼灼其华"之美景，甫一踏入桃林，便能体味唐伯虎的诗兴自然从何而来："桃花坞里桃花庵，桃花庵里桃花仙，桃花仙人种桃树，又换桃花卖酒钱。"粉的、白的、红的，团团簇簇地绽在枝头，让人看了，还以为自己误入了桃花源。

蔺红霞喜欢万物复苏的季节，仿佛一切都有无限生机，又因为春是一年之始，她对自己未来的一年抱有无限的期望与憧憬。

然而，当她怀抱着这份期待踏入"火光四射"的电焊车间时，心头的那份雀跃与激动尽数散了个干净，她还是无法控制地对自己的这个选择产生了怀疑。

套上厚重的工作服，戴上沉重的安全帽，手里再坠上一把电焊枪，这一身装备，压得身材高挑的蔺红霞好像矮了几厘米。在焊接车间里，焊枪在焊件上移动，不时传来嘈杂的"呲呲噗噗"的焊接声，随之而来的是升腾的烟雾尘气，噼里啪啦的火花迸溅出来，最终变成点点星火熄灭。蔺红霞紧张地咽了口口水，抬起手中分量不轻的焊枪，陷入了沉思：以前，她是手拿轻巧的注射器去护理病人。现在，她是手拿沉重的焊枪，在嘈杂的焊接车间做焊接。这份工作对她来说跨度真的很大，她在心底隐约质疑起自己那时所做的决定："干这份工作，真的能过上好日子吗？"

蔺红霞有些许动摇，从护士到焊工，她选择了跨度极大的职业道路。都说"职业无贵贱，劳动人人平等"，可平心而论，蔺红霞作为一个年轻的姑娘，比起大老爷们当焊工，自然还是更喜欢白衣天使的岗位，这给她带来的心理落差无疑是巨大的。此前她觉得，干什么工作不是做？可乐观是盲目的，现实是残酷的，她在无数个夜晚反问自己："我真的能胜任这份工作吗？能吃得了这份苦吗？能坚持下来吗？"

最终，她那倔强的性子还是让她战胜了心头的委屈，她擦干眼泪，打起精神，对自己说："既然别人能干，我为什么就不能干？别因为自己是个丫头就娇纵自己，自己选择的道路，就要敢走，就要敢干！要干就一定要干好！还要干出个样来！"

蔺红霞是埋弧自动焊岗位的，公司安排了师傅教给她和其他学员一些操作要点。埋弧焊是半自动的，蔺红霞上手还是比较轻松的，只需要看着机器不跑偏就行。平稳工作了几个月后，有一天她在进行焊接操作时，意外还是发生了。

蔺红霞那时焊接的是行车梁——行车是对起重机的俗称，它所行走轨道的梁就叫行车梁。行车梁一般由工字钢焊接加固钢板而成，蔺红霞焊接的工字钢有几百斤，非常重。在焊接时，行车梁一面焊完以后，需要翻个面焊接另一面，然而就在这时，机器突然出现了故障，在挂钩翻个儿的时候停顿了一下，蔺红霞来不及反应，没能及时摘下钩子，导致钩子误钩构件，几百斤工字钢翻了出来，蔺红霞想要后撤，可沉重的工字钢下落速度极快，她反应不及，只听得"哐——"的一声巨响，几百斤的工字钢就这样砸在了她的大脚趾上！

同车间的同事听见这声巨响都被吓了一跳，纷纷放下手中的活来看看情况。

有一位同事匆匆赶到蔺红霞身边，看见她没什么大碍就松了一口气，要知道，这几百斤的钢材可是能砸死人的。然而他定睛一看才发现，蔺红霞的大拇脚趾还在钢材下面，当即吓了一大跳：这可怎么得了！

蔺红霞也被突然发生的变故吓到了，她站在原地不敢动，只是颤抖着声音请大家帮她把钢材抬起。那位同事连忙喊了几个围观的壮小伙和他一起抬，儿个人铆足了力气，憋红了脸，也没能把这块钢材抬动，最后还是另一位同事去拿了起重工具，才把蔺红霞解救出来。工字钢被撬起以后，蔺红霞把脚收回来，同事们扶着她小心翼翼地坐下，问了一声："疼吗？"

蔺红霞麻木地摇了摇头，她已经感觉不到疼了，随后她试着把脚从鞋子里抽出来，几次她的手都因为发抖脱不下来鞋子，最后当她把脚抽出来的时候，鞋子里面已经渗满了鲜血。周围的同事们看了都倒吸一口凉气，在场的人都替蔺红霞感到担心。

"赶快送医院吧！"一位同事喊道，其他人这才手忙脚乱地搀起蔺红霞。一开始帮忙抬钢材的一位同事跑去推自己的摩托车，他把摩托车骑到门口，两名同事分别架着蔺红霞的两条胳膊，把她架上车。摩托车载着蔺红霞一路疾驰，直奔附近的莱钢医院。拍片结果并不理想，甚至可以说情况很糟糕：大脚趾粉碎性骨折。

蔺红霞知道结果肯定不会乐观，毕竟是几百斤的钢材砸下来，她只被砸中一根脚趾，已经是不幸中的万幸了。可她还是难过，自己那时候要是反应能再快一些，她这根脚趾是不是就保住了？她还是个二十多岁的姑娘，身上就落下了一辈子的伤残……

这之后，蔺红霞需要做一个切开复位内固定手术，手术及住院期间，公司领导给她专门安排了陪护，还来医院探望、慰问了几次。这让蔺红霞非常感动，要知道她只是一个刚刚工作不久的新人。经过一段时间的治疗以后，蔺红霞发现手术的效果并不理想，于是决定转院去新汶矿务局医院做融合手术。融合手术做得很成功，但是受过重伤的脚不可能恢复如初了，直到现在，蔺红霞的大脚趾仍然没有任何知觉。

这次治疗前前后后耗去蔺红霞一年的时间。2003年，她准备返回单位工作。但由于她离岗时间较长，之前埋弧自动焊的岗位已经被别人顶替了，现在她要去一个新岗位工作。

于是她去找老书记，老书记看见她回来也是很高兴，蔺红霞向他表示了要求安排工作的想法，老书记就对她说："姑娘，现在只有操作工和电焊工两个岗位了，现在公司电焊工比较稀缺，但是做电焊工非常辛苦，你仔细考虑一下吧。"

蔺红霞思考再三，最终选择了电焊工这个岗位，她的想法非常淳朴，她喜欢美丽的焊花。放在别的姑娘身上，看见焊花可能都要绕着走，生怕火星子溅到自己身上。然而蔺红霞却与众不同，她经过这几年工作的历练，早已养成了吃苦耐劳、不怕脏、不怕累的优秀品质，她已经变成一个豁达开朗、踏实肯干的姑娘，所以现在的她，能透过这份工作的表面，去发现这份工作更深层次的魅力。焊接时迸溅出来的绚丽焊花，对她来说就像过年时家家户户燃放的烟花一样绚烂，火花在黑暗中四处飞溅，升腾的尘雾为它增加了一丝虚幻的滤镜，然而火花是炽热明亮的，它们就像滚烫的星河与游离的星云一般绮丽。

蔺红霞爱看绚丽的焊花，爱看如鱼鳞般的精巧焊痕，同时也对焊接这份工作有着说不出的亲近感……或许她与焊接的这份缘分，冥冥之中早已注定了。

初行电焊之路

蔺红霞第一次戴上电焊帽的时候，眼前一片漆黑。

看不见东西让她瞬间产生了一种难以言喻的恐慌感，这时候师傅在一旁手把手地教导她。

"不要紧张，手放稳一点儿，把焊条放到钢板上来，打火。"

师傅名叫张晓，是一名经验丰富的电焊工，师傅的技术非常好，他沉稳持重，为人随和耐心，是一位难得的好老师。

蔺红霞照着他的要求打起了火，刹那间，花火迸射，四处喷溅，在空气中划出一道道优美的抛物线。难怪将它称为焊花——一条条抛物线从焊接点绽放而出，可不就是一朵花吗？只是这花太过炽热灼眼，戴上焊接帽后原本漆黑的世界一下子被点燃了，火花所及之处，都变得非常明亮。

张师傅耐心地教给蔺红霞步骤：套上纯棉工作服，穿上橡胶绝缘鞋，戴上面罩、披肩帽和安全帽……这一切看似简单，实则里面都有门道，就拿戴披肩帽来说吧，蔺红霞一开始怎么也戴不好，张师傅就手把手教她，好在蔺红霞心灵手巧，一教就会，省去了很多功夫。这一大堆的装备压在一个人的身上真的非常沉重，光安全帽和面罩加起来就足足有两斤重了，但蔺红霞知道穿戴这些装备不是多此一举，每一样东西都有它存在的理由，这些层层叠叠的防护，就是为了防止电焊工在焊接时受到的伤害。

蔺红霞知道，电焊工一年四季都要穿着这些厚重的装备工作。别的季节还好说，夏季可真是熬人！此时正是酷热的八月份，蔺红霞只是穿着装备，还没开始工作，便觉得浑身的热气都从毛孔里蒸腾出来。等正式开始工作、打上了焊花，又接触到热源，那更是热上加热，汗水止不住地往出流不说，而且热气全滞在衣服里，像是蒸桑拿一般！听说有的电焊工就是因为长期在闷热的环境下工作，得了皮炎，身上痛痒交加，很是难受。

张师傅看出了她有些畏难，于是直视着她的眼睛，缓缓开口道："电焊工的工作就是这样，要是你忍受不了，现在转岗操作工还来得及。"

蔺红霞有那么一刹那真的想要退缩，但是她的这点儿软弱马上被她自己坚强的意志战胜了，她坚定地回望着师傅，一字一句地说道："我不走，没理由别人能吃苦，我就吃不得！"

是的，她心里这样想，"自己选择的路，就没有后悔退缩这一说。都说'君子一言，驷马难追'，我虽称不上君子，但也是一个言出必行的人，要是我今天真的软弱逃避了，这一生我都会瞧不起自己！"于是她坚定地告诉张师傅，自己还要继续学下去！

张师傅赞许地点了点头，这个年轻姑娘有着超乎他想象的坚毅，能有这份心，沉得住气，吃得了苦，张师傅觉得非常欣慰！

然而就算蔺红霞能够穿着如此厚重的防护服，忍着闷热，可时间长了，衣服也会被四溅的火星烧坏。张师傅告诉她，这种情况很正常，尤其是在长时间工作的情况下，衣服是会被烧穿的，火星是会透过烧穿的衣服直接溅到皮肤上的。例如在比赛考试或者高空抢修作业时，经常会有这种情况。有的时候，火星会烧透手套烫到手，张师傅说，这种情况下也要忍着疼，不能停下来。

蔺红霞初听张师傅这么要求，还以为是他要求太高，可真正了解了这个工作，才知道张师傅的用意：烫到手只是疼一下，火星接触皮肤以后，过一会儿就感觉不到疼痛了，要是耐不住这点疼，停止焊接的话，就得重新接一个头，这也是焊接过程中最容易出纰漏的地方。尤其是在技能考试中，要是因为这个原因失了分，可以说是之前的疼痛都白受了，不仅如此，倘若是团队作战，还会影响到整个团队的成绩，可以说是一不小心就会功亏一篑，拖团队的后腿。

最初，张师傅带着蔺红霞在废弃的钢板上练习电焊。蔺红

⊙ 师傅张晓正在悉心指导蔺红霞（左一）

霞一开始不敢轻易下手，只是站在张师傅旁边静静地看着，竖起耳朵仔细地听他讲要点。张师傅讲完以后问她："弄懂了没有？"蔺红霞点点头，说懂了。张师傅就把电焊枪塞给蔺红霞，说："既然懂了就自己试着焊一下。"可这时的蔺红霞还是心存畏惧，连连摆手，让张师傅实操一遍给她看。就这样反复了几次，蔺红霞仍然不敢上手。

这时旁边一位老师傅凑过来说："你这样光看，要看到什么时候？你焊吧，焊不好的地方我给你修补。"蔺红霞听了这话，满脸通红，她有些羞愧地看了一眼自己的师傅，张师傅点点头，示意她相信自己，于是蔺红霞把心一横，勇敢地拿起了焊枪。

刚开始的很长一段时间里，蔺红霞焊得确实不过关，可她向来是一个爱钻研的人，在张师傅教会了她一些基本的操作以后，她就开始了自主练习。说起来，她似乎是一个很有童心的人：看见飞溅的焊花她就联想到大年三十绚丽的烟花，看见一根焊条能将两块钢板完全融合在一起时，她的心里充满了惊喜，觉得它非常神奇。除此之外，她还有像孩子一样使不完的精力，每天都充满能量地活跃在焊接现场。

开始的两个月，她勤奋地练习焊接技术，一有空就去找废弃的钢板练手，一如当初她在莱芜铁矿医院当护士时的状态，下班以后不停地找废弃的输液管练习扎针。一路上，她不断地成长，同时也保留着最珍贵的品质——勤奋。就连她自己也不禁感慨，好像有什么东西变了，又好像有什么东西没变。

她勤于练习，取得的成果自然也是丰硕的。从一开始的不敢下手，到能在构件上焊点不重要的地方，再到后来她自己能独立焊出一条漂亮的焊缝。每当她将自己的成果展示给张师傅看时，张师傅都会频频点头，给予充分肯定，这让蔺红霞受到了极大的鼓舞，心里像吃了蜜一样甜，于是她信心倍增地投入下一次焊接练习。

很快，两个月过去了，这时的蔺红霞已经能够独自焊接并上交成品了。但是这两个月中，因为长时间练习焊接，火星子烧穿了她的手套、工作服，溅到她的皮肤上，在她的手上臂膀上，都烧出了一个个黑点，这些黑点最后变成丑陋的疤痕，在她光洁细腻的皮肤上狰狞作祟。

蔺红霞是个坚韧的姑娘，自从工作以来，她在岗位上摸爬滚打，从没喊过一声苦、一声累，她从没因为自己是个姑娘就娇惯了自己，也从不觉得自己比男同事差。但是爱美之心人皆有之，她闲暇时也常常看一些杂志，上面的女郎穿着打扮得体，形象光鲜亮丽，整个人看上去光彩夺目。她也经常看见大街上十几二十岁的年轻姑娘穿红着绿，打扮得漂漂亮亮，心里总是生出无尽的艳羡。然而现在，她低头看看自己的双手，布满火星子燎出来的疤痕，谁都不愿意往外露这样一双手。

她干脆眼不见心不烦，但工作时戴着手套还好说，下班时疤痕就显露出来了。于是，她就把长袖往下拽，把袖口攥在手心里，遮住那狰狞的疤痕，就算在盛夏也是如此。面对这些疤痕，蔺红霞已经到了痛恨的程度，就连吃饭都不敢把手露出来，为此，她做了很长一段时间的心理斗争：这个工作真的值得吗？

就在她的内心痛苦得天人交战之时，张师傅看出了蔺红霞的思想波动。他没有特意把蔺红霞叫到面前，而是在一次令人舒心的交谈中，看似不经意地告诉蔺红霞："任何工作都是有前途的，技术工人就是要用技术来赢得别人的尊重。"

蔺红霞敏锐地察觉到了师傅的用意，将这句话反复琢磨了好几遍，"技术工人就是要通过技术来赢得别人的尊重"，蔺红霞将它理解为：自身的"美"有很多种体现形式，她不应该拘泥于外在的"美"，而是要放开眼界，看到自己作为一名技工的"美"。就算自己身上被火星子燎得满是伤疤，也不必为了身体上的疤痕感到自卑，作为一名技术工人，真正令人感到自卑的不是伤疤——因为这恰恰是一位技术工人最值得骄傲、最值得称赞的勋章——真正令人感到自卑的，是自己学无所成、名不副实的窘况！若是能通过勤勉的训练，练出炉火纯青的技术，继而受到他人的认可，那么，毫无疑问，她就是"美"的！

这番思考让蔺红霞幡然醒悟，心中犹如拨云见日，豁然开朗。她想开了，在心里一遍又一遍对自己说："如果我现在放弃了，那和当逃兵有什么区别？我不能、也不允许自己这样做！"就这样，她最终还是坚持了自己最初的选择，心中激烈的天人交战早已荡然无存，这一刻，她能清晰地感受到，跨过了这个思想的坎儿，她又成长了！

勤学苦练终出师

在拿起焊枪两个月以后，蔺红霞开始学习焊接一个钢结构的架子。

焊接架子比焊接构件与废板更考验技术，这主要体现在需要焊接的地方更多且需要更精细地处理焊缝。蔺红霞刚开始焊接钢架子时，还是对自己很有信心的，她觉得，自己经过两个月的勤奋练习，已经能独立焊出一条漂亮的焊缝，所以焊钢架时，她也自以为能焊得极好，然而，事实证明她这次"轻敌"了。

正式进入工作之前，师傅让蔺红霞把图纸仔仔细细多看几遍，为的是让她明确焊缝的位置，随后师傅又带她分析了焊接的顺序，最后他做了几下示范，就将焊枪交到了蔺红霞手中。

看着师傅轻松自如的样子，蔺红霞心想这看着也挺容易的，于是信心满满地上手，可才划了一下焊枪，她就发现自己操作起来不是那么回事了。

蔺红霞的手太抖了，拿不稳焊枪。这并不是因为她紧张，而是因为之前处理过的焊缝都是比较宽的，手抖一点儿也察觉不出来，现在钢架与钢架之间的缝隙很小，她要在保证美观与质量的前提下焊接，技术上的不足也就暴露了出来。

只焊了一刻钟，蔺红霞就已满头大汗，她心虚地看了一眼自己的"成果"：焊瘤咬边不断，运条歪歪斜斜，令人不忍直视。于是她闭了闭眼，抬起头环视一周，想看看其他人焊得怎么样，却出乎意料地发现大家都在熟练地划着焊枪，竟然都焊得很好。这让她感到些许挫败，她有些羞愧于刚才自己那副势在必得的样子。

师傅见她像朵蔫掉的小花，知道她的信心受到了打击，便开口鼓励她："不用看了，这里谁不是一步一个脚印走出来的？有这时间瞎想，还不如多琢磨琢磨技术。"

话糙理不糙，师傅的话让蔺红霞眼前一亮，与其在消沉中失去信心，不如弄明白自己的差距究竟在哪里，尽力去弥补它。师傅在后边儿帮蔺红霞修补焊缝，一边修，一边告诉她做这种精细活需要注意的事项，蔺红霞把它们一字不落地听进耳朵里，牢牢记在了心上。

　　回家以后，为了练习手拿焊枪的稳定性，蔺红霞把一只装满水的碗端在手上。她最终的目标是要让碗里的水不晃动，没有一丝波纹，这样她就能在拿起焊枪的时候，做到眼尖手稳心细了。就这样，每天下班后，她开始了勤苦的练习，然而扎实的技术哪里是一蹴而就的？蔺红霞初练时，手里端上一碗水，十来分钟以后胳膊就没有了力气，开始颤抖起来，碗里的水也一点点溅到了外面。"哪能这么快认输！"蔺红霞咬着牙对自己说，她知道焊工手里的焊枪一拿就是几小时，没点儿耐力哪能干得了苦活儿？于是她恨不得调动全身的肌肉去把这碗水端稳，她发了狠劲儿，更加起劲儿地练起来。等到第二天吃饭的时候，她的右手已经有些握不住筷子了。师傅也纳闷，这丫头怎么手比昨天还抖？

　　蔺红霞的这项练习，一是练手稳，二是练耐力，刚开始没什么成效，还常常把水洒了一地。但是时间越长，成效越明显，4个月后，蔺红霞明显地感觉到自己的手稳多了，一碗水端个把小时那是轻轻松松，小菜一碟。在师傅耐心细致的指导下，无论焊接什么样的焊缝，她都能精细操作，焊缝美观整齐，焊瘤咬边都没有，真是功夫不负有心人。

　　不久之后，师傅告诉她："你出徒了，可以独立承担工程项目了。"

　　一直埋头苦练的蔺红霞，听见师傅对她这样说，明白这是师傅对她这几个月来的努力的最高评价，她出徒了，这意味着她能够独当一面，有足够的能力成为一名真正的焊工了。蔺红霞激动得双手颤抖，她瞪大了眼睛，满是欣喜与不可置信。这半年里，她每天最期待听见的就是这句话，每天起早贪黑地练习技术，为的也是能听见这句话。现在，她终于等到了这句肯定，心里高兴之余，却泛起丝丝惆怅，时间过得那么快！师傅传道授业的点滴时光就犹如白驹过隙，似在眼前。但是，从此以后，再也不会有人在身后为她修补焊缝，也再不会有人手把手细致地教导她、夸奖她……想到这里，蔺红霞的鼻子倏地酸涩起来，眼眶也染上了一层红，她流着泪，冲上去一把抱住师傅，半是高兴半是不舍地对师傅说："谢谢师傅，谢谢师傅……"

虽然师傅的表情蔺红霞看不见，但想必是一个欣慰的微笑。

出师后没过多久，蔺红霞就接到了焊工生涯的第一份工作——参加4#750m³高炉大修的电焊工程。

师傅考虑蔺红霞刚刚出徒，技术还没有纯熟到能够担当关键任务的水平，于是分配给她一些不太重要的工作。此时，蔺红霞第一次见识到了高空焊接作业，看着有能力的前辈在高炉外壁上吊着安全带高空作业，蔺红霞的心里也紧紧地为他们捏了一把汗。

蔺红霞的任务之一是焊接一根管子，这对于蔺红霞来说并没有什么难度，她一次就焊成型了。可长期以来找不足、挑毛病的习惯让她忍不住端详起这条焊缝，她越看越觉得这条焊缝还有美中不足的地方，担心焊得不结实，于是又抄起焊枪进行修补。不补不要紧，这一补，本来焊缝那个小瑕疵现在却成了大缺陷，真是"画蛇添足"了！蔺红霞看自己弄巧成拙，心里后悔万分，于是立即手忙脚乱地再次进行修补，就这样，一条焊缝，她硬生生焊了四五遍，原本尚且可以称为美观的成果，现在看则是无论如何都不尽如人意了。

这次高炉大修的工作经历，让蔺红霞在技术方面成长颇多，收获颇多，也展现了她不服输的性格与惊人的执行力。她与同事们出色地完成了这次高炉的大修工程，所有人的脸上都洋溢着高兴的笑容。

在这次高炉大修的过程中，蔺红霞见识到了许多精湛纯熟的焊接技术，例如：平焊、立焊、横焊、仰焊。平日里，她练习最多的就是平焊和立焊，本以为练习好这两种焊接技术就能够很好地完成任务，没想到还有那么多高难度的技术等待着自己去挑战。

有了这样的认识，她越发不肯放过这次难得的学习机会，她答应过父亲、答应过自己，干一行就要精一行。为了尽快从这次工作中汲取养分，她想方设法去多看、多学、多练。白天她一干完自己手中的活就急忙去看师傅焊接，师傅干了大半辈子，无论是焊枪角度，还是摆动幅度、运条方法，都让蔺红霞自叹不如。师傅只需一会儿工夫，一条线条优美、闪着粼粼光彩的"鱼鳞焊"就展现在蔺红霞的眼前。这"鱼鳞焊"技术难度不小，有些师傅若是学艺不精，教授徒弟的时候也会焊出差错。蔺红霞是一个爱挑战的人，她心里暗暗下定决心，有朝一日她也要焊出这样美丽的花纹。休息的时候，蔺红霞也绝不闲着，她总是第一时间将从师傅那里学来的新东西想办法亲自上手试一试，通常她会像以前一样找块废旧的钢板不停练手：放平了焊、立着焊、搭起来焊……她想尽了一切能够训练自己的方法。

一次，她练习时，边上坐着一位同事，这是一个三十来岁的男子，粗短的手指间夹着一支燃着的烟，边抽边看蔺红霞操作。不多时，他吸了一口烟，肺里过了一遭，又云雾缭绕地吐出来，用夹着烟的手对着蔺红霞指指点点，"别练了，浪费了焊接的材料。"

蔺红霞听见这话，眉头轻轻抽动了一下，但是她不打算与他计较，只是回了他一个礼貌的微笑，心里暗想："我要练！我偏要练，我还要练出个样儿来，让你大吃一惊，看你还说不说我浪费材料！"男子见蔺红霞根本不把自己的"好话"放在心上，自讨没趣，站起来拍拍屁股走了。

⊙ 2005年5月16日，在焊培中心王纲一师傅对蔺红霞（左）进行板对接仰
　焊的焊接方法指导

同事的这一番话，激起了蔺红霞不服输的好胜心。别人工作时，她也工作，别人休息时，她就在钢板上一遍一遍地练习，不断地总结不足、复盘、总结经验。终于——她做到了，一张张堆叠起来的承载着她的心血与汗水的废板，就是她这段时间最好的成绩单。她已经较为熟练地掌握了各种焊接方法，也获得了师傅的认可，蔺红霞的心里别提有多高兴了。

俗话说，生命不息，奋斗不止。很快，蔺红霞又不满足于现状，她瞄准了焊接工艺难度最大的仰焊。

仰焊着实是个难活，经常需要蹲着焊，有时候遇到角度刁钻一点儿的焊件，甚至需要半躺着焊，对体力要求很高。除此之外，她还在培训书里看见："由于熔池位置在焊件下面，焊条熔滴金属的重力会阻碍熔滴过渡，熔池金属也受自身重力作用下坠，熔池体积越大温度越高，仰焊时焊缝背面就越容易产生凹陷，正面焊道出现焊瘤，焊道形成困难。"这无疑加大了操作难度。但是为了多掌握一门技术，蔺红霞还是选择尝试一下，于是，她又将全身心的精力都投入仰焊的操作练习。同事们见蔺红霞除了吃饭睡觉，总是把焊枪拿在手里练习，笑她和焊枪"焊"在了一起。蔺红霞听见同事们善意的夸赞，忍不住露出了笑容。就连一开始不看好她的那名男焊工，也不禁多看了她几眼。

收获颇丰的两次比赛

经过高炉大修期间的技能训练，蔺红霞的技术日益成熟。2005年，她毛遂自荐，参加了莱芜钢铁集团焊工技术比武大赛，这是她人生中第一次参加电焊考试。

女性干焊接在当时并不常见，参加比赛的更是寥寥无几。蔺红霞担心比赛有性别限制，就问当时培训的师傅："女焊工能不能参加比赛啊？"

"当然可以参加。"培训的师傅上下打量了她一番，见她只是个年轻姑娘，细胳膊细腿儿的，看着哪里像是干焊工的？于是又犹疑地问了一句："你行吗？"

蔺红霞微微一笑，"行不行的，让我试试吧。"

培训的师傅点了点头，也没有多说什么，蔺红霞就这样开始了紧张的赛前培训。说是技术比武，实际上称为考试更为贴切，因为它有明确的"考题"：仰焊的单面焊双面成型。

本次赛前培训采取的是淘汰制，一共选拔20名焊工参加培训，但最终只有15人能够正式参加比赛。一听要淘汰5个人，培训的气氛莫名紧张起来，毕竟现在是竞争状态，无形之中大家的心里增添了一丝压力。蔺红霞悄悄攥紧了拳头，既然决定了要参赛，就要加把劲儿不能被淘汰了！技术比武是提高技术水平的重要途径，这次比赛的名额，我一定要拿到！

就这样，紧张的赛前培训拉开了帷幕。

培训的师傅给他们制订了详细的培训方案，分为理论和实操两个部分。理论培训方面，师傅给了一套题库，里面有3000道题，并反复说明：如果他们想要理论知识拿满分，那他们就要将这3000道题全部背熟。于是，培训的师傅要求每人每天必须背过300道题，背不过就不允许参加隔天的实操培训。实操培训方面，由于当时设备短缺，能够用于练习的设备并不多，只有一台气保焊机和一台直流焊机，所以师傅给参加培训人员进行了分组，每组轮流进行实操培训。一个组焊接的时候，其他组就在边上打磨试件或者背理论，一分一秒都不准浪费。

自此以后，蔺红霞每天就捧着一本题库，走到哪就把题库带到哪，她白天空闲时背，晚上回家泡脚时背，就连走在路上，她也要抽空把题库本掏出来看两眼，3000道考题，10天内她准时背完。但她担心自己背了后面的会忘了前面的，所以一直到比赛前夕，她每天都有计划地复习这些考题。

这次比赛的实操内容是仰焊，仰焊是个难啃的技术活，很多干了一二十年的老焊工也啃不下这块硬骨头，之前在高炉大

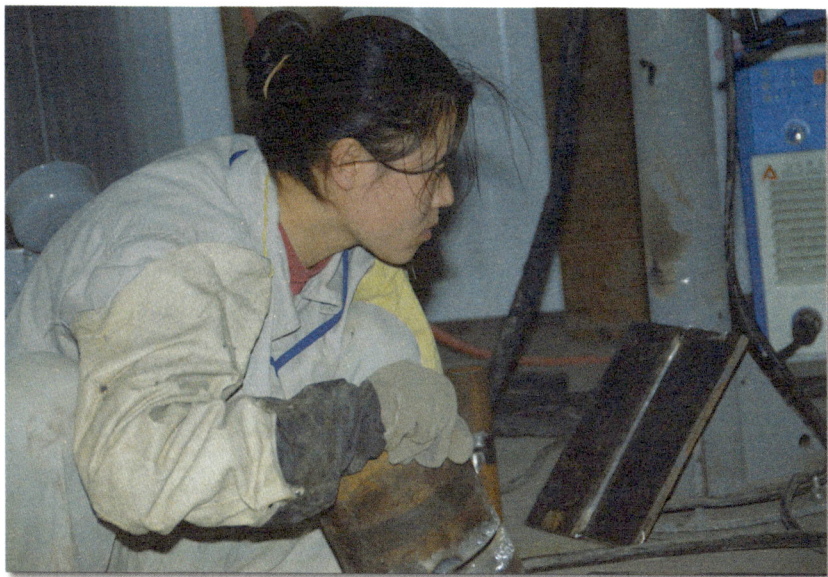

⊙ 2006年10月16日，蔺红霞正在参加全国冶金建设系统首届焊（铆）工职业技能竞赛实操考试

修进行仰焊训练时，蔺红霞明显感到下盘不稳，蹲久了大腿肌肉酸痛不已，时不时就会发麻，甚至有的时候蹲的时间过长，她都不能自己站起来，需要喊人上来搀她一把。所以这次实操培训时，她专门向师傅提出了这个问题。

培训师傅告诉她："仰焊要求的是蹲得稳，焊枪拿得稳，操作过程中弧与弧控制得稳。"

于是为了练习蹲得稳，在休息时，师傅不让她坐着，而是让她扎马步，马步是稳住下盘的基本功，马步扎完了，就练习半蹲，继而是全蹲。刚开始那几天，蔺红霞腿部酸痛难耐，时常扎不稳步子，没一会儿腿上就没有力气了，可她极有毅力，咬着牙，一声不吭地挺了下来，几天之后，她就明显感觉到下盘稳了一些，蹲的时间也变得更久了一些。

焊一块儿仰板需要45分钟，蔺红霞就要一直蹲45分钟，在师傅的"魔鬼"训练下，她最后竟然也能稳如泰山，坚持到把这块板子焊完。训练时，焊花四溅，顺着领口、袖口溅到了蔺红霞的脖子和手臂上，一天训练下来，蔺红霞的工作服都被火星烧得破破烂烂了，身上也添了不少新伤。

师傅又说："焊枪拿得稳是焊接过程中的重中之重，若是拿不稳，会直接影响整道焊缝的内外部质量。"他本想教给蔺红霞一些练习手稳的方法，却惊讶地发现蔺红霞持枪很稳，比其他参训的焊工都要稳上不少。一问之下，才见蔺红霞腼腆一笑，"以前跟着师傅学的时候，在这方面多下了一点儿功夫。"

之前整整四个月的端水训练，让如今的蔺红霞省去了不少练习手稳的时间，都说技多不压身，真到有用处的时候，就会发现自己曾经的努力全都不会白费。

功夫不负有心人，经过层层选拔，蔺红霞终于顺利"晋级"，得到了参加比赛的机会。

比赛时，蔺红霞的心态十分平稳，她并没有因为这是自己第一次参加焊工技能比赛而紧张，相反，可能是因为她的心里没有什么压力，所以能抱着平时练习的心态去焊接焊件。

比赛开始，蔺红霞做好准备工作，迅速投入焊接状态。她先是调整了一个比较扎实的蹲姿，然后开始进行仰焊。"刺啦——"焊花带着光与热从斜上方溅落到蔺红霞的身上，蔺红霞丝毫不为所动，她已习惯这样的情况，就算焊花烧穿她的工作服，烧到她的皮肤，她也不会因此动摇一步。

比赛紧张地进行着，蔺红霞始终将注意力放在焊接上，她熟练地运用着焊枪，两块钢板之间的缝隙也随着蔺红霞的操作渐渐消失，仰焊难度大的原因之一是熔池不容易控制，焊道容易形成焊瘤，但是蔺红霞很好地把它控制住了，她看着美观的焊缝，心里别提有多舒服。

很快，考试时间已过去30分钟，有些考生已经不能像刚开始那样蹲得稳稳当当了，而蔺红霞还是稳如泰山地蹲着，继续专心致志对待焊件，这足以见得基本功的重要性。最终，蔺红霞以个人第五名、团队第一名的优秀成绩完成了这场比赛。

评选结果出来以后，赛务组将排名前十的考试试件展示出来，蔺红霞留心观察了一下，发现前四名的试件焊得都很好。原本对自己的试件稍有自满的她顿时感到了差距。她又看了看自己的试件，确实存在不足：她没有控制好焊缝背面的成型高度，出现了1毫米的内凹，就是这细小的1毫米内凹造成了她整体分数的下降，但蔺红霞并没有灰心，对她来说，比赛不是为了获取名次和奖项，为的是从中获取经验，并从别人的优秀中发现自己的不足。

看着台上摆放的十份试件，蔺红霞的内心没来由地百感交集起来，都说"台上一分钟，台下十年功"，别人看见的可能只是光鲜的表面，背后的辛酸只有自己才知道。通过这次比赛，她重新认识到了自己的焊接水平，并激励她勇敢地踏上省赛、国赛的"比武之路"。

2006年，蔺红霞报名参加了全国冶金建设系统首届职工职业技能竞赛暨冶金建设行业第七届焊工技术比赛。当时正值酷暑，七八月的天气，穿着短袖短裤都会觉得炎热。夏天的风好似被大地炙烤了一遭，是烫人的，吹起来没有清凉之感，反而带着一种让人喘不上气的闷热。道路两边的翠树上，趴着一只只蝉，在炎热的空气中振翅高鸣。这阵阵蝉鸣就如同落入水中的石子，在炙热的空气中激出层层"波纹"。

蔺红霞此时正在集训，她穿着一身秋衣秋裤，外面套上一层厚实的防护服，头上戴着阻燃防护帽，脸上再扣着电焊面罩。一套装备整整齐齐，但是防护服内的温度高得让人耐不住，防护服外的焊枪还在不断释放热浪，蔺红霞被闷在防护服里，汗流浃背，感觉浑身都冒着热气，但她仍旧举着焊枪练习。这样的日子，她坚持了两个月，每天都训练到晚上七八点，每每摘下焊帽，脱下厚重的衣服，蔺红霞都会忍不住深吸一口气，她就像焖饭里的腊肉，在出锅揭盖的那一刻感受到了难得的清凉。

可以毫不夸张地说，这个夏天，她是"熬"过来的。

在集训期间，公司领导专门请来了焊接专家给他们做指导，可见公司对这些参赛选手以及这场比赛的重视。

蔺红霞自然不会放过这个大好的学习机会。专家在示范时，为他们讲解焊接的要点，蔺红霞仔细看着、听着，但是戴上焊帽只能看见迸溅的火花，她无法观察到专家在焊接过程中的细节，为了珍惜这次来之不易的学习机会，蔺红霞毅然决然地取下焊帽，选择直接用肉眼去观察专家的运条方法。

带着灼目热度的火花像利刺一般扎入蔺红霞的视网膜，几秒钟的工夫，蔺红霞就觉得双眼刺痛，眼前一阵阵火星的余晕，她赶忙戴上焊帽。她清楚这种做法非常伤害眼睛，严重一点儿甚至能带来不可逆的伤害，但由于蔺红霞急于想学到技术，还是忍不住几次拿开焊帽，那段时间里，蔺红霞的视力急剧下降，眼白也微微泛着红。

不戴焊帽的另一个后果，就是脸被焊接时产生的高热烤得通红，没几天就脱了皮，同事看见蔺红霞往脸上抹一些护肤品"补救"，打趣道："脱一层皮，三十的脸就变成十八的了。"蔺红霞听了颇觉有趣，和同事一起哈哈笑起来。

很快就又到了比赛的日子，蔺红霞信心满满，走进了青岛的赛场。她一路过关斩将，顺利地完成了比赛所有的项目。比赛期间，她的心态都非常放松，可是在最后一个环节，蔺红霞为了追求完美，在原本焊接得很好的一个小管上多焊了一点儿，就是这一点儿"画蛇添足"，让她与高分擦肩而过，最终也只拿到了第六名的名次。她哭笑不得地想起自己以前在高炉大修焊管子时，也曾多此一举，导致原本美观的管子被她焊得惨不忍睹。

蔺红霞在这里跌倒过两次，她下定决心要好好练习，克服这个小困难，争取在今后的比赛和工作中，该拿的分，一分不丢，该焊好的焊件，做到完美无缺。

虽有一点儿遗憾，但好在蔺红霞还是拿到了不错的成绩。经历这两次比赛以及此前的赛前培训，蔺红霞从中学习到了很多，焊接技术越发成熟精湛，射线探伤的合格率也越来越高。

她的努力赢得了所有人的认可，公司的领导也对她赞赏有加，在接下来的工作中，更将安排她参加比较重要的、同时也是技术难度较高的高炉抢修工程项目。

第四章　梦起莱钢

高炉扩容大修的惊险一刻

由于蔺红霞在工作上的出色表现，她受到了公司的重视，被派去了相对重要的岗位施焊。然而，在电焊这个行业，重要岗位往往伴随着危险。2#1080m³高炉扩容大修的惊险一刻，让蔺红霞印象深刻，至今回想起来都心有余悸。

这次的任务是要在十几米高的炉壁上进行高空作业。十几米听起来很高，但蔺红霞并没有太过紧张，因为这不是她第一次进行高空作业，早在4#750m³高炉大修工程中，她就爬到过34米的高空进行施焊。

那次是蔺红霞第一次进行高空作业，34米的高炉拔地而起，若是按通常楼房的层高2.8米来计算，约有12层楼那么高，而她脚下只有一块儿40厘米宽的架板，稍有不慎，就有可能踩空跌落。师傅看出了她的担心与害怕，拍拍她的肩，告诉她："相信自己，你可以的。"

蔺红霞看见师傅坚定的眼神，心里也稍稍有了一些底气。蔺红霞想，如果自己这次不敢上，那以后也一定不敢上，空有技术，没有胆量，这就好比一个从小习武的将军不敢踏上战场，这比当一名逃兵还要丢脸。更何况，高空作业也有着极其严格的安全措施，安全绳和安全帽都是必不可少的装备，所以至少她不用担心自己会真的掉下去。

于是蔺红霞鼓足了勇气，系好安全绳，戴好安全帽，扛上焊条，顺着竹梯一磴一磴往上爬。可高炉实在是太高了！蔺红霞爬到一半，之前热血上头鼓足的那丁点儿勇气就被高空所带来的巨大恐惧抹了个干净，她抓着梯子的手开始微微发抖，手心里甚至冒出了丝丝冷汗，她唯恐自己抓不牢梯子。她想要退缩，可是下梯比上梯更让人恐惧：她自是不敢看脚下，万一踩空了该怎么办呢？进退两难之间，蔺红霞还是咬紧了牙关，用力攀住了梯子，接着往上爬，直到她爬上了那块40厘米宽的架板。

然而，蔺红霞心里清楚：真正的考验才刚刚开始。

真正踏上那块方寸之地时，蔺红霞的视线和手脚都不知道该往哪里放，只是稍稍环视了一下，她就有一种头皮炸开的感觉。她紧紧贴着炉皮移动，恨不得自己能变成一只八爪鱼，用吸盘将自己牢牢地吸附在炉皮上。师傅告诉她，千万别往下看，因为离地太远，容易眼晕、紧张和腿软，也千万别往上看，因为天上移动的流云会让你产生一种自己与它一起在移动的错觉，很容易失去平衡，跌落架板，视线只能集中在要施焊的地方。

蔺红霞谨遵师傅的嘱咐，哪儿也不敢乱看，集中精力施焊。她清楚，这些宝贵的经验可能是前辈们走了一趟鬼门关才换来的。

高空的风很大，没有了地面植被与建筑物的遮挡，风在高空变得更加肆意横行，蔺红霞在施焊的过程中，常常感到后背凉飕飕的，随即就是一阵风刮过来。这风力倒是还没有强到能将她从架板上掀下来，可给她带来了一定的心理压力。

在高空，很多时候，她都是双腿打着哆嗦，贴在炉皮上一步步挪动，这让她想起了自己第一次参加高炉大修时，见到的正在进行高空作业的前辈。那时蔺红霞还为他们在心里紧紧地捏了一把汗，那时她可能没想到，自己有一天也成了他们这样有能力、可以胜任高空作业的人。于是，在接下来甚至以后的高空作业中，她都不断地告诉自己：别人行，我也行。

这句话就像吃了定心丸，让蔺红霞迎难而上，心里也变得安定了许多。长时间的高空作业，蔺红霞的紧张与害怕也渐渐消退，她在这方寸之地一待就是一整天，期间为了减少上厕所的次数，她甚至滴水不沾，就连吃的午饭也是想法子吊上来，一天下来，她的嘴唇都干得起皮。但好在，她最终还是凭借着超人的毅力和精湛的技术出色地完成了任务。

看着自己第一次在高炉上焊接的作品，虽然外表不尽如人意，但是内部的质量全部合格。蔺红霞内心百感交集，这是她人生中第一次"极限挑战",从身心各方面,她都得到了极大的成长,想到自己此前所有的害怕、紧张与犹豫,都在一次次自我激励中化为一个个焊点,蔺红霞无比兴奋,从高炉上下来时,脸上都带着挥之不去的笑意。

第一次高空作业大捷,让蔺红霞充满了信心。在此后的高空作业任务中,她都恪守规定,以勇气战胜对高空的恐惧,出色地完成了任务。她本以为此后再遇到此类任务她都会游刃有余地完成,可没想到危险总是发生在大意疏忽的时候。

那次危险发生在另一次高空作业中,要施焊的高炉本来只有十几米高,这样的高度对于蔺红霞来说已经不是什么问题,她并不紧张,而是从容地爬上木架板,系好安全绳,戴上手套、面罩以后就引燃电弧,准备焊接。

焊帽一盖,蔺红霞的视线就一片漆黑,只有眼前那簇迸溅的焊花在她的世界里不断闪烁。刚开始接触电焊行业时,她觉得这美丽的焊花就像大年三十夜空里绽放的烟花一样绚烂,可接触久了以后,尤其是自己拿起焊枪以后,她觉得自己已经不再是一个旁观"烟花"的人,现在的她,更像是一个拿着绣花针的绣娘,以焊枪作针线,以焊件为绸缎,在上面尽情地"缝合"与"绣花"。她身材瘦小,极其灵活,在高炉焊接水冷壁管的时候,跪着焊、蹲着焊、趴着焊、躺着焊……怎么焊都操作自如,焊枪在她的手里,确实就如同绣花针一样,她变换着不同的"针法"，不多时两块焊件就被她紧密地"缝"起来了，凡是她所"绣"过的地方，都留下了均匀细密的鱼鳞状花纹，美观的同时还保证了焊接口的质量过关，能做到这些，无疑需要绝对的专注力与对焊枪的掌控力。

此时此刻，在2#1080m³高炉上，蔺红霞的注意力完全集中在手和焊件上，焊条已经燃了一半，正是火星四溅、焊花迸飞的时候，忽然，精神高度集中的蔺红霞闻到了一丝烧焦的味道，她没有在意这件事，因为焊接时产生呛人的烟尘是常有的事，她现在要把心思集中在焊接上。她继续全神贯注地处理着手头上的焊缝，然而，就在这条焊缝快要完成时，她感到身上有一阵阵被烧灼的痛楚，愣了半秒以后蔺红霞才突然意识到自己的衣服可能被烧着了。

她立即放下焊枪，拿下焊帽一看，发现披肩帽已经被烧毁了大半，而她却专注于焊接，全然没有察觉。蔺红霞当即心下大骇，手忙脚乱地扑打起来，按理说身上着火应当在地上打滚灭火，可脚下只有40厘米宽的架板，实在是没有可以"施展"的空间。扑打之中，她不慎一脚踩空，整个人面朝天仰倒了下去，猝不及防且迅速的下坠让蔺红霞的肾上腺素急剧飙升、心脏狂跳，她的大脑一片空白，嘴里无法控制地爆发出了尖叫。

"啊啊啊——"

就当她以为自己必死无疑的时候，身上一紧，有一股力量将她牢牢地拉住了，是她之前系在身上的安全绳救了她一命，这一瞬间，蔺红霞才深刻地体会到"安全绳"三个字的意义。所幸蔺红霞平安无事，她在空中悬吊了一会儿后，被同事们解救了下来。

一位女同事最先扶起"劫后余生"的蔺红霞，将她紧紧地搂在怀里，不停地安慰她，她很担心蔺红霞因此受到过大的刺激。蔺红霞见她如此热心肠，非常感动，她本想故作轻松地笑一下，让这位女同事不用这么担心自己，可嘴角无论如何也弯不出那个简单的弧度，刚刚经历了惊险一刻，她还心有余悸，此时更多的是欲哭无泪。这一刻，笼罩在她心头的是生命所不能承受的沉重：如果她没有系好安全绳呢？如果钢筋落下来击中了要害呢？她听说过有工人在高空作业时不慎坠落，被同时下落的钢筋贯穿了身体，生死一线。人类脆弱的生命经受不起这种重击，意外来临，谁也不能保证下次自己是否会幸免于难。

事后，蔺红霞被人问起："这份工作这么危险，你以后打不打算调离岗位？"

蔺红霞没有犹豫，笑着摇了摇头。

她是这个世界上最了解自己的人，别人理不理解她不要紧，重要的是，她能看清自己的内心。于她而言，即便经历了如此危险的场景，她还是选择坚持下去，因为她真心喜爱这份工作。谁人知，在焊帽之下，是一个独属于她的小天地；谁人知，她娴熟的技术之下，是无数日夜里孜孜不倦的苦练；谁人知，每一份别人的质疑，她都用尽浑身解数去击碎……这份职业于她而言，已经不仅仅是一份糊口的营生，而是用努力与汗水浇灌出的、闪闪发光的、独一无二的价值载体。

人们总说患难见真情，这不仅体现在人与人的关系上，也体现在蔺红霞与焊工这份职业的感情上。

心灵的试炼

在接下来的几年里，蔺红霞多次被安排到公司各种重要焊接项目中，她的焊接射线探伤总是能够一次性通过，接口也非常牢固。她因此屡次受到甲方的好评，公司也对她此前的比赛成绩十分满意。在这种情况下，她对自己焊接质量的要求越来越高，心理压力也潜滋暗长。

2009年，莱芜钢铁集团有限公司组织一部分优秀焊工参加省赛，蔺红霞也在其中。比赛前的集训是提升技能的黄金期，蔺红霞一丝一毫都不肯放松，每天都在勤奋地练习技术，在通过了公司的层层筛选以后，蔺红霞成功获得了参加比赛的资格。公司最终选定蔺红霞和三名男焊工一起去参加省赛。

在省赛前夜，蔺红霞竟失眠了！她无眠地躺在床上，脑子里有许多杂乱的念头，她不停地想着自己能不能取得一个好名次，能不能回报公司的栽培、领导的信任……

第二天一早，她强打精神去参加比赛。比赛时她的状态自然也因此受到影响，巨大的心理压力，让她不时分心，焊缝上留下了好几个焊瘤。虽然她想尽力弥补，但紧张的状态让所有的补救都变得无济于事。最后，蔺红霞没有获得任何名次，比赛就这样残忍地结束了。

比赛成绩出来以后，蔺红霞就陷入了迷茫的状态，她难以接受比赛失利的事实。凭她苦练多年的技术，怎么会一点儿名次都拿不到呢？

她这次代表公司参赛，领导极其重视，亲自带着他们一行人奔赴比赛现场，本以为她能取得不错的成绩，可在公司里备受瞩目的蔺红霞这次状态不佳，竟然没有取得任何名次，这着实让领导感到意外与遗憾。

回去的时候经过徐州，领导带着蔺红霞一行人，在当地找了一家饭店歇脚。在餐桌上，他顺嘴问了一句："这次怎么考的啊？"

蔺红霞没有任何回应，只是低着头，领导的这句话像一把利刃扎进她的心里。霎时，心底漫上来的巨大挫败感揉皱了她的脸，她的双眼湿润通红，接着流出了汹涌的泪水。

⊙ 2010年，蔺红霞（右三）参与6#1080m³高炉大修

省赛回来以后，蔺红霞曾一度没有再次拿起焊枪的勇气，焊枪就这样静静地摆在操作台上，蔺红霞也就这样静静地注视着它。她累了，比赛结束以后，压力并没有如期消解，反而成为一片笼罩在她心头的阴云，每每回想起比赛失利的事，她的心中就满是不甘与自责。

然而公司并没有因为蔺红霞一次的比赛失利就对她产生偏见，领导和同事都让她不要放在心上，对她开导道，失败乃成功之母，人哪能一辈子都顺风顺水？总要有些挫折来打磨你，塞翁失马，焉知非福？这次的失败说不定是成功的跳板，跳过去了，你就能迎接更大的成功。

听到这些劝慰蔺红霞不禁一怔，感叹自己都是一个三十多岁的人了，还深陷在失败的泥沼中，不肯跨出来，幼稚极了。自此以后，蔺红霞决心要把因比赛失利而产生的自责与愧疚转化为锻炼自身心理素质与实操能力的动力。同年，蔺红霞又参加了莱钢6#1080m³高炉大修改造、巴西热风炉重点工程项目等工作。

蔺红霞清楚地记得，参加莱钢6#1080m³高炉大修改造时，是一个非常炎热的夏天。那时，室外最高温度竟直逼40℃，在这种极端高温的天气下，大家都尽量选择室内工作任务，而蔺红霞接到的工作任务是进入高炉的内部施焊。这虽然是一份苦差事，但蔺红霞却坦然地接受了这份工作。

进高炉之前，蔺红霞穿戴好厚实的工作服，戴上沉重的安全帽，刚爬进炉内，她就感到一股热浪扑面而来，高温之下，她全身的毛孔都打开了，没过多久，细密的汗珠就从皮肤上渗出来。蔺红霞爬上架板，扣好安全绳，戴上面罩，引燃电弧，这一系列动作做完以后，她已是汗流浃背，焊接炉皮时，她能清晰地感到汗水顺着脸颊、顺着脊背一路淌下去，随后被衣料吸收进去。有的时候，脸上的汗水顺着帽檐往下滴，滴进眼里，常常刺得蔺红霞睁不开眼，这时她就用袖套或者披肩帽蹭掉脸上的汗水，时间一长，她的袖子和帽子上也洇湿了一大块，当真是"汗如雨下"了。

在高温之下，蔺红霞被热得头脑都有些昏乱，但她仍坚持着焊接。很多时候她都觉得撑不下去了，但心底一直有一个声音告诉她：再坚持一下！再坚持一下！于是她就在这一次又一次的自我鼓励中，硬撑着焊完了所有的炉皮。爬出来时，她浑身湿透，像刚从水里捞出来似的。她的脸红得像是熟透的柿子，豆大的汗珠不住地顺着她的脸颊往下淌，混杂着脸上的灰尘形成一股泥流，她的头发由于闷在安全帽中，也完全被汗浸湿成绺。同事们把蔺红霞拉出来，往她的手里递老冰棍，蔺红霞把冰棍塞进嘴里，冰融化成水流进肚子里，可她仍感觉不到凉爽，只觉得热气已侵入了脑子中，她热迷糊了，已经感觉不到凉了！

在别人看来，蔺红霞是个"傻子"，这种又苦又累的活只有她愿意干，还丝毫不肯偷懒，冒着得热射病的风险，硬是撑着焊完所有的炉皮。可于蔺红霞而言，她是苦，是累，但这是她自己的选择，她是真心热爱这份职业，苦是自己的，乐也是自己的，不吃过这个苦，怎能体会到成功带给她的那份快乐？在蔺红霞看来，这一次次的磨炼是自己不断成长的必由之路。

最重要的奖项和一桶棒棒糖

时间过得飞快，转眼就来到了2012年，这是蔺红霞成为焊工的第10个年头。也是在这个非同一般的时间节点上，她获得了从事焊工以来最重要的奖项。

2012年，"马钢杯"第八届全国钢铁行业职业技能竞赛在马鞍山钢铁公司举办，蔺红霞也报了名。在全公司38位报名者中，她是唯一的女性。

莱芜钢铁集团有限公司非常重视这场比赛，给参赛选手们安排了半年的时间进行集中培训。与此同时，这次的赛前培训也比往常的任何一次都要艰苦。从事电焊工作10载，蔺红霞的身体已大不如前，常年的弯腰施焊，让她的腰部受损严重，这也是电焊工人常见的职业病之一。

这次比赛，试题要求选手一次性焊接三份试件，蔺红霞一蹲就是4个小时，中途她的腰疼发作过不知多少次，她都极力忍着，4个小时下来，她的鬓角都被冷汗浸湿了。有时焊接完一个试件，蔺红霞想站起来，走到一边休息一下，但因腰部的肌肉异常酸痛，她直不起来腰，只有扶着墙或者焊接架才能慢慢站起来。除此之外，焊缝清根也是焊接过程中的重要环节，需要用铁锤砸掉焊缝根部，这个活儿要求手劲大，甚至就连很多男同志都畏惧三分，但蔺红霞在这些年的工作里，早已练就了一手"稳""准"

"狠"的硬功夫，她清根清得漂亮，可大拇指却也常常因为用力过度被铁锤反震得青一块儿紫一块儿。

集训仍然采取淘汰制，淘汰赛共分四轮，第一轮初赛剩下28人，第二轮复赛剩下18人，第三轮半决赛后只剩下8人，到第四轮决赛时，公司千挑万选，要求极其严格，最后通过考试的只有蔺红霞一人，她成了唯一代表莱钢前去参赛的选手。

蔺红霞上次参加比赛还是那次没有取得任何名次的省赛。一想起那场失利，蔺红霞心中的那根弦再次紧绷起来。国赛的重要程度不言而喻，全公司上下，包括蔺红霞本人，都极其重视这场比赛。半年以来的集训选拔考试，让她的技术更加精进。现在的她，说不定真的有能力为莱钢争取到荣誉。但一想到自己代表的是公司，自己的脸面就是公司的脸面，蔺红霞的压力就又增大起来。好在这次公司专门在赛前为她安排了心理疏导，帮助她舒缓紧张的情绪。有了上次省赛失利的经验，蔺红霞自己也很清楚，赛前稳定心理状态是非常重要的。蔺红霞反思良久，最终得出结论：不要把输赢看得太重，专注于比赛内容才是最重要的。

在进入考场以后，蔺红霞趁着打磨焊丝的空隙，和评委老师聊起天来，目的就是让自己熟悉评委老师，考试时缓解一下紧张情绪。考试开始，蔺红霞引燃电弧，在焊花绽放的那一刻，她的心似乎也沉静下来。她放松了心态，游刃有余地划着焊枪，像一位熟稔的绣娘，用"绣针"在试件上随心所欲地穿针走线。比赛还在进行，可蔺红霞早已将试题以外的东西抛在脑后，只是全神贯注地在钢铁上"缝纫"，那一刻，她找回了第一次参赛时最纯真、最朴实的自己——成也好，败也罢，此时此刻，她只想全神贯注地焊好这个试件，输赢成败，她都不在乎。有了这种"心外无物"的超然心境，蔺红霞超常发挥。比赛结束，她看了看自己的"作品"，也觉得十分满意。

赛后，蔺红霞依然延续着这种良好的心态，带队的老师看她心情很好，似乎是很有把握，于是和她开玩笑道："你如果拿到前三，我就给你买一桶棒棒糖！"蔺红霞不敢奢望夺得前三名，只是盼望自己能得一个可以交代得过去的成绩，于是笑

⊙ 2012年，蔺红霞获得"全国钢铁行业技术能手"称号时留影

着和带队的老师做了约定。

等待结果是最让人煎熬的，蔺红霞坐在酒店的房间里，看着墙上的时钟出神，指针嘀嘀嗒嗒地走过一圈又一圈，她的脑海中也思绪万千：在高手云集的国赛里，我能拿到名次吗？我焊的试件够好吗？能不能和别人拉开差距呢？要没拿到名次，该怎么样和公司交代呢……这些念头，一圈又一圈地在蔺红霞的脑海中盘旋。终于，她熬到了出结果的前一天，在回来的路上，蔺红霞和带队老师一车，她像是个急于知道自己期末考试成绩的学生，迫不及待地询问带队老师最后结果。老师没有说话，只是笑着伸出了食指和中指，比了一个"胜利"的手势，蔺红霞看见这个手势，心里就有底了，脸上也笑开了花。

最后，比赛结果出来了，成绩比蔺红霞想象的还要好，她在来自全国17个钢铁企业的58名高手中脱颖而出，夺得了中国钢铁工业协会"马钢杯"职业技能大赛第二名，并被授予了"全国钢铁行业技术能手"称号！这个消息像一枚幸福的炮弹，砸中了她，蔺红霞上台领奖时，激动得直哆嗦，脚都不知道要先迈哪只了。她从事电焊行业将近10年，这是她从业以来获得过的最重要的一个奖项！

蔺红霞的10年焊工经历，生动地诠释了这段话：她虽还不是专家，但已经取得了很大的成就。10年里，她从一个初出茅庐的普通焊工，到成为"全国钢铁行业技术能手"，她能取得如此成就，归功于她平时认真刻苦的训练以及坚忍顽强的心性，别人不肯做的她去做，别人不敢干的她去干，无论在多么艰苦的环境下，她都保持着对电焊的热爱。正是由于这份热爱，她才能在一次次艰巨的任务中不断挑战自己、鼓励自己、战胜困难。可以说，能走到今天这一步，她非常有能力、有胆量、有魄力。

上台分享获奖感受时，蔺红霞是这样说的："在别人想放弃的时候，自己再多坚持一会儿，这样成功就离你不远了。"

下台以后，蔺红霞带着荣誉满载而归，她的脸上乐开了花儿。回去的路上，每个人都乐呵呵地向她道贺，亲朋好友也纷纷登门拜访祝贺。在这期间，蔺红霞收到了一份与众不同的"礼物"，光看外表，它像是一小桶纯净水，可提起来，却没有想象中的沉重，蔺红霞好奇得心底痒痒，她迫不及待地拆开外包装，发现里面竟是一桶棒棒糖！

她想起了带队老师和自己开玩笑时做的约定，想不到老师真的把这个约定放在心上。这一刻，她的内心满是感激，她从桶里掏出了一根棒棒糖，拆开包装纸放进嘴里，糖很甜。蔺红霞看着眼前的一桶棒棒糖，百感交集，嘴里的甜味似乎浸到了心里，此时她觉得通过自己辛勤付出后换得糖异常的甜。

不断攻克技术难题

蔺红霞在取得了"马钢杯"第六届全国钢铁行业职业技能竞赛"电焊工"第二名的傲人成绩以后，并没有为此沾沾自喜、骄傲自满。相反地，她选择沉下心来，精益求精，熟练运用她精湛的技术解决一个又一个技术难题。

这些年来，蔺红霞没有一刻让自己松懈，她孜孜不倦地学习各种焊接技术，并勤勉练习，不断钻研进取，积累了丰富的实战经验与焊接技巧。现在的她，精通气体保护焊、埋弧焊、电渣焊、氩弧焊等焊接方法，更值得一提的是，在焊条电弧焊、二氧化碳气体保护焊以及氩弧焊的焊接过程中，她所焊接的焊缝质量非常高，内部探伤达到了无缺陷的水平，这需要相当高的操作水平。

在接下来的工作中，蔺红霞又参与了数次高炉热风炉大修以及民用基层工程钢结构的制作，在工作过程中，蔺红霞又遇见了许多技术上的难题。

在6#1080m³的高炉热风炉炉壳更换焊接中，蔺红霞和同事们遇到了一项技术难题。高炉热风炉炉壳厚度大约有40毫米，常规操作是开V形坡口进行焊接，正面焊接完毕之后需要从背面进行清根。焊接过程中采取的是小电流月牙焊操作法，但由于构件较厚，V形坡口的夹沟较深，熔渣不易排出，很容易造成夹渣。这次工作对焊接质量要求非常严格，甲方要求探伤合格率必须达到二级水平，如果他们仍旧采取小电流月牙焊操作法，那么不仅焊缝的内部质量无法保证，工作效率也不高，需要换一种操作法来进行工作。很快，拥有丰富实战经验的蔺红霞迅速给出了解决方案：采用大电流画圆圈运条法！这种方法非常适合深夹沟的情况，不仅很好地避免了小电流焊接所带来的一系列缺陷，还能有效地提升工作效率，最终探伤检测的合格率也达到了100%。

这样的例子还有很多。在钢结构工程中，蔺红霞每次在开工以前，都会总结上一次施工过程中遇到的困难与存在的问题。都说方法总比困难多，在以箱型柱为主体的钢结构中，她大胆地改造埋弧焊机头，按照箱型柱的宽度将机头固定，这样焊出来的焊缝平直美观，生产效率也大大提高。

在即墨锦绣华隆钢结构制作中，蔺红霞发现牛腿焊接的探伤始终有问题，没法达标。她仔细研究图纸，发现根本原因是框架牛腿的空间狭小，坡口开在外面，导致焊缝清根不彻底。随后她根据探伤出来的缺陷位置和工地的实际情况修改图纸上的不合理之处。最终焊接出来的构件保质保量，探伤合格率为98%，获得了大家的一致肯定。

事后，她又仔细地研究了如何在不改变图纸的情况下施焊，在不断的实践中，她得到了答案：采用两种焊接方法。蔺红霞凭借着自己娴熟的技术，大胆地用二氧化碳气体保护焊对牛腿进行打底和填充，再用焊条电弧焊进行盖面，这样也能得到理想的焊接效果，焊接质量也能得到保证。

这些方法在工厂内迅速被推广，它们被普遍应用在工程建设与设备安装之中，由于焊接量少了一半，焊丝和焊剂就成吨地节省下来，需要的人工也缩减了，这为公司节省了近百万元的成本，起到了增效促收的效果。

蔺红霞不仅技术过硬，创新能力强，灵感也特别多。在焊缝检修时，有些位置处于视线盲区，无法用肉眼直接观察到，很多焊工都只是凭着经验进行盲焊，可盲焊是无法保证焊接质量的。为了追求完美，蔺红霞在多番实践与观察后，想出了在焊口的对面放一面小镜子的方法。通过这面小镜子，焊工就可以清楚地看到盲区的焊缝，精准施焊，一来保证了工程质量，二来效果极佳，成本也很低。就是这样的一个小主意，解决了困扰焊工多年的大难题，不得不说，蔺红霞是一个很有灵气的人。

蔺红霞敢于打破陈规，结合实际，辩证地分析焊接时遇到的问题，运用丰富的技能知识对现有方法提出疑问并加以改

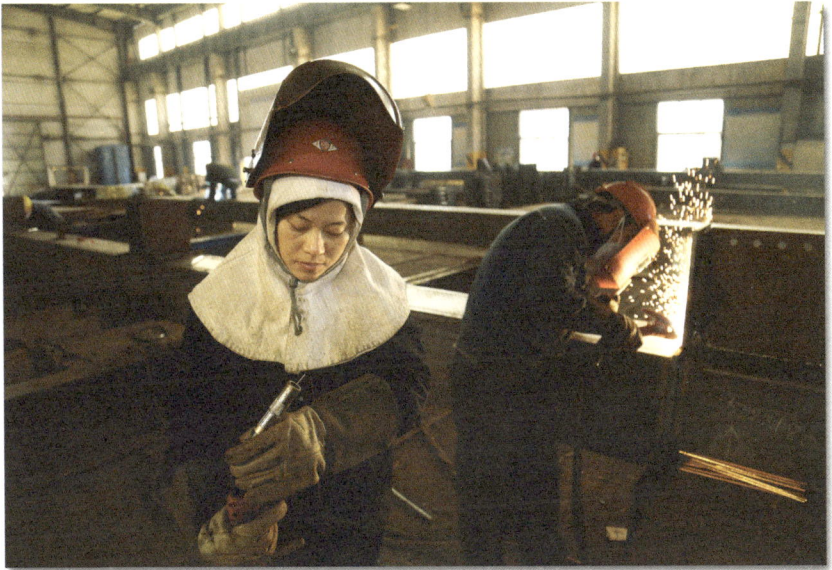

⊙ 蔺红霞投入箱型柱牛腿的焊接

造。这种勤于钻研、卓越创新的精神，得到了所有人的敬佩与肯定，而对于蔺红霞自己来讲，其背后的付出又是他人很难体会与知晓的。

蔺红霞清楚地记得，在一个深冬的凌晨两点钟，她被一阵急促的电话铃声惊醒，一看，是领导打来的。领导那边似乎出了什么紧急情况，电话一接通，他就急匆匆地发问："小蔺，高炉热风阀是高炉的关键部位，需要技术过硬的焊工来焊接，由于工期紧天亮前必须完成，你可以吗？"

蔺红霞迅速让自己清醒过来，她知道，如果不是非常要紧的事，领导是不会这么晚给她打电话的。虽然现在不是自己的工作时间，但情况特殊，她还是决定披上衣服前去工作。蔺红霞迅速应了下来，从床上起身时，看见身旁的家人睡得正熟，她不忍心把他们吵醒，轻手轻脚地出了门。

在山东严冬的凌晨，蔺红霞顶着凛冽的寒风，骑着电动车赶往工地。路边的商铺和居民楼一片沉寂，街上除了昏黄的路灯，几乎没有什么光亮，就连星斗也被云层隐没了淡淡的光辉。迎面吹来的冷风像刀子一样割着她的脸，就算戴了口罩与围巾，寒风依旧往蔺红霞的脖子里钻，霎时冷意蔓延到四肢百骸。蔺红霞顾不上防寒，强忍着冷，加大马力，一路驰往工地。

蔺红霞来到工地现场，只搓了搓有些冻僵的手，就利索地穿戴好装备，迅速投入工作状态。高炉热风阀的炉壳有六十度，蔺红霞抱着这块炉壳不停地焊着，周围的空气不断地升温，她穿着厚实的冬衣，外面还套着防护服，汗水不停地往下流。她的衣服湿了干，干了湿，覆在身上十分难受。经过三个小时的奋战，她终于焊完了，焊缝探伤一次性合格，甲方监理非常满意，对她竖起了大拇指说："我真的很佩服你，辛苦了！"蔺红霞熬了个通宵，此时只觉得像有一个沉重的麻袋压在她身上似的疲倦，听见监理的这句话，她全身的疲惫顿时消去大半，脸上浮现出快慰的笑容，因为自己的努力能被别人肯定，对她来说是最好的补剂。

作为一名电焊一线工作者，蔺红霞时时刻刻冲在最前面，奋斗在一线。这份工作于她而言，没有昼夜之分，没有季节之分，没有性别之分。无论是白天还是夜晚，无论是酷暑还是严冬，蔺红霞都忠实地从事着这份工作。十多年来，她完成过一个又一个项目，经历过一次又一次比赛，她深知焊接这条道路没有捷径，只有不断地提升自己、磨炼自己，在实践中勤于思考、不断积累、不断创新，才能使技术日臻成熟，也才能为企业、为社会、为国家做出大的贡献！

以身为范，桃李天下

由于蔺红霞在工作中的创新方法受到大家的一致认可，有些同事便会向她请教如何解决工作中的困难与问题。蔺红霞性格随和，也乐意帮助同事们解决问题。公司领导注意到了这件事，他们一致认为蔺红霞已经有能力当师傅带学徒了，所以在征询了她的意见以后就让她着手组织培训。

蔺红霞在2012年正式开始培训课程，她的第一批学生，就是公司新招的焊工。这批焊工，年纪都不大，小的才刚成年，大的也就二十五六岁，都是年轻人。蔺红霞看见他们一张张朝气蓬勃的脸，突然回忆起自己初入电焊行业时，也不过是一个二十六岁的年轻姑娘。那时的蔺红霞，刚从护士岗位下来，怀着对未来的憧憬与迷茫踏上了焊工之路。在这里，她的师傅耐心地接纳了她，手把手地教她穿戴装备、持焊枪、运条，替她修补焊缝、教授她焊接的要领……刚出师时，她像一只离巢的幼鸟，在习得了飞行的技能以后，离开了父母，在辽阔的天空里翱翔。现在，她也成长为一只大鸟，正在悉心地教导幼鸟飞翔。

　　记得在一次培训中，有一名学员对焊花十分抵触，蔺红霞每每引燃电弧，激起焊花四溅之时，这名学员都会下意识地往后退一步，远离那些飞舞的火星。等蔺红霞让他们试着使用焊枪时，这名学员更是铁青了脸，他不敢接触火星，就怕身上被烧着。看着他如此抵触，蔺红霞一开始觉得他不适合焊工这份职业，可随即转念一想，帮助徒弟克服对焊花的恐惧也是师傅的职责。于是蔺红霞找来了一块儿薄板，挡在徒弟的身前，这样焊花就不会溅到他的身上，蔺红霞还不断地鼓励他，这名学员一开始还有些畏畏缩缩，几次之后就安心下来，也敢练习了。

　　由于是新人，蔺红霞教导的都是基础的内容，但都非常细致：怎么打火、怎么起弧、怎么收弧、怎么运条……巨细无遗，尽量每一步都教得详尽，在操作时可能遇到的问题，她也一一举例，讲解给徒弟听。同事们路过培训现场，经常看见蔺红霞拿着一支笔，在纸上模拟着运条方法，几位学徒在一边认真地看着，氛围非常好，不禁让人啧啧称赞。

　　蔺红霞除了在单位里带学徒以外，在外也进行培训。她带徒的理念是"将自己的毕生所学都毫无保留地倾囊相授"，所以，无论是在公司带徒培训还是在外培训，她都不吝惜自己的知识与经验。师傅曾经教授给她的一些经验、对她进行的一些教导，她全部教授给这些学徒。师傅曾对蔺红霞说过："既然当师傅，就要把自己的技术毫无保留地传给徒弟，徒弟是师傅

⊙ 2012年，蔺红霞（右二）为学徒们讲解焊接知识

的名片，让他们来传承好你的技术，这样你的技术才会变得更有价值！"

在蔺红霞一段时间的悉心教导下，原本还只是门外汉的学徒们现在都能够熟练进行简单的焊接工作了，他们的基本功很扎实，这多亏了蔺红霞的"魔鬼"训练——通过不断的练习来掌握焊接时"稳""准""狠"的要领。

学徒们在蔺红霞一天天的教导下，焊接技术进步很大，这很大一部分原因归功于蔺红霞的教学方法好。时间一久，有几位积极的学徒也和蔺红霞渐渐热络起来，一天，他们开玩笑说："照您这个教法，我们早晚会把您拍在沙滩上。"蔺红霞笑了，心中想的是，这届年轻人，如此好动、有活力，学东西也快，只要沉下心来好好钻研技术，说不定有一天真的能超越她这个做师傅的。

都说"青出于蓝而胜于蓝"，如果蔺红霞带的学徒真的能够超越她自己，那么她一定会为他们感到无限的光荣。想到这里，蔺红霞也用开玩笑的语气回应他们："我就不怕被你们超越，你们谁把我拍在沙滩上，我就给谁奖励。"

这句话点燃了这群年轻人的积极性，几名学徒听了这话，都跃跃欲试起来，他们的自信似乎要溢出来了。蔺红霞见他们如此积极，认为这是一件好事，但做事需要脚踏实地的，没有坚实的技术基础，理想终究只是理想，没办法转化为现实。于

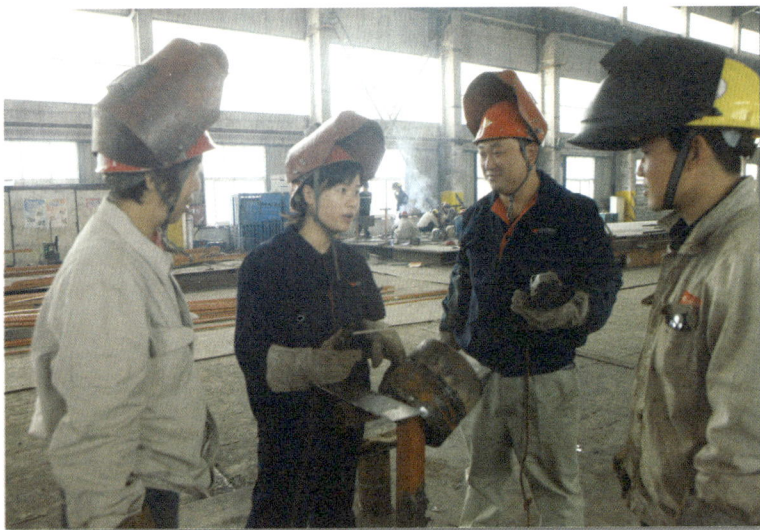

⊙ 2014年，蔺红霞（左二）进行焊工实践培训

是蔺红霞和学徒们说得最多的一句话就是："任何工作都没有捷径，唯有按照规范严格约束自己，脚踏实地，才能对得起手里的这把焊枪。"

蔺红霞之所以愿意办培训、带学徒，是因为她想培养出更多能为社会、为国家做出贡献的技术人才，同时，也能将焊工的工匠精神像薪火一般传递下去。在培训过程中，蔺红霞一直向徒弟们灌输自己的理念：一是创新超越，她鼓励每位徒弟都大胆思考，大胆创新，在理论与实践的学习中不断总结经验、超越昨天的自己；二是工匠品牌，在学习过程中，蔺红霞严格要求每位徒弟焊接的焊缝质量，争取探伤一次性通过，这就要求徒弟们时刻保持严谨的施焊态度，不断练习焊接技术，精益求精，做到接近完美的程度；三是言传身教，蔺红霞常常告诉徒弟们练习技术要脚踏实地，一步一个脚印，在实际行动中，她也确实如她自己所说的严格要求自己，她的工作服上满是火花烧出来的洞，她的大拇指上也常常青一块儿紫一块儿……她用她的实际行动向徒弟们展示了如何成为一名合格的焊工，她真正做到了言传身教。

在这几年里，她辛勤栽培了二十余名徒弟，其中有三名都在省赛和国赛中取得了优异的成绩，其他人也在成为优秀焊工的道路上不断前行。徒弟们取得的傲人成绩，让蔺红霞这个做师傅的感到无限的欣慰与喜悦，她很自豪自己能有如此优秀的徒弟们。

⊙ 2019年，蔺红霞（中间）在潍坊雷沃公司针对焊接技术进行指导

设立工作室：合作创新再出发

2013年4月，莱芜钢铁集团建筑安装分公司（由莱钢冶建公司更名而来）以蔺红霞的名字成立了劳模创新工作室。

"蔺红霞劳模创新工作室"不仅是公司的一个"工匠品牌的名片"，对于公司内部的发展也是大有裨益的。工作室的成立，不仅能为公司吸纳更多技术人才，同时也能让松散的单个员工凝聚成团队，从个人创收升级为团队创收。在工作室开设的过程中，团队内部可以相互学习、相互借鉴、相互帮助，一个人的创新思路可以在团队的讨论中被无限放大、延展，最终实现"1＋1＞2"的效果。

在工作室的发展中，蔺红霞等人制定了一系列的规章制度，广泛吸纳会员，定期开展创新活动。在平时的工作中，蔺红霞和团队本着创新发展的理念，运用扎实的焊接技术，完美解决了生产过程中一个又一个技术难题。由于蔺红霞个人出色的焊接技术以及工作室的创新能力，公司放心地将许多重点工程项目交给了"蔺红霞劳模创新工作室"，在莱芜钢铁集团建筑安装分公司承建的大批地标性建筑、国内炼铁高炉热风炉和巴西高炉热风炉项目执行中，都能看见蔺红霞的工作团队在其中攻破技术难题。

每当技术难题一时难以攻破，需要仔细研究对策时，蔺红霞工作室就会成立一个专门攻破此问题的攻关小组。例如在他们承接国内最大的一座高炉——山东日照5100m³高炉热风炉焊接时，就遇到了超厚炉壳的环焊缝焊接问题。

在高炉热风炉焊接项目中，工人们通常是将一截已经组装好的圆形筒体吊起来，吊到已经安装好的筒体上方，再由焊工将两组筒体焊接起来。在该项目中，由于炉壳较厚，在焊接的过程中可能会出现质量问题，蔺红霞劳模工作室就决定先进行小组研究。

在选择攻关小组的组长时，大家一致推选蔺红霞担任组长，可蔺红霞希望能给年轻人一个锻炼成长的机会。于是，她拒绝担任组长，经过几番考虑与挑选后，她推选徒弟小丁担任了组长的职务。

小丁还是第一次担任如此重要的职务，他感到压力倍增，一方面是由于自己经验不足，他担心自己没有能力解决这次难题，另一方面是这次的工程质量不仅关系到自己个人的声誉，还关系到工作室和公司的声誉，一旦质量出现问题，恐怕会连累很多人。看着小丁压力倍增的样子，蔺红霞对他说："办法总比困难多，只要你肯努力干，你就一定能干好，我们大家都相信你！"

蔺红霞的话让小丁的心头稍稍宽慰了一些，他也明白，让他担任组长是蔺红霞给他的一次宝贵的锻炼机会，不跨过这个心理障碍，他以后也没有勇气去担任工程中的重要职务。所以，小丁还是选择带着压力当了此次项目小组的组长。

小丁每天都在废寝忘食地查资料、看图纸、分析数据，经常加班到深夜，由于他们也是第一次接触超厚热风炉炉壳环焊缝焊接，这次攻关对于工作室来说也是一次很大的挑战。有的组员在完成自己的任务以后，也会来帮小丁一把，小丁若是遇到了什么问题，也会来请教蔺红霞。不久后，他们制订出了一套完整的焊接方案，方案有了，接下来就需要进行实践，可在焊接试验中，出现了内部质量问题，这是意料之中的结果，毕竟只有不断在失败中反思才能战胜困难。

于是，蔺红霞他们开始分析原因，在充分讨论之后，他们确定：由于炉壳过厚，需要焊接的层数比以前更多，所以如果处理不好层与层之间的关系，就很容易造成炉壳未熔合、夹渣等缺陷。在掌握了失败原因后，小丁带领全组人有重点地重新展开攻关，对人工、耗材、质量等方面进行着重研究，常常不分昼夜地工作。蔺红霞看在眼里，乐在心里，自己的徒弟能有如此成长，她这个做师傅的也感到非常欣慰。

小丁家中的孩子还很小，现在他忙于工作，几乎没有空回

⊙ 2015年，蔺红霞工作室被授予"劳模（高技能人才）创新工作室"荣誉

家，孩子生病了也只能由他的妻子一人照顾，非常辛苦。小丁的妻子也多次打电话过来，询问小丁什么时候能回家，每到这时，小丁就会很愧疚地向妻子和孩子道歉，并告诉他们自己有空就会回来看他们。

这番场景将蔺红霞触动了，她也是有家庭的人，可她常常因为工作太忙，无法陪伴在家人的身边，此时此刻，她非常理解小丁心中的煎熬与愧疚，同时也很敬佩他还是义无反顾地选择了工作室这个大家庭。

在大家的不懈努力之下，全新可行的热风炉炉壳环形焊缝焊接装置被制作出来，这项装置不仅能够完美地达到预期的工程质量，还能大幅度节约人工成本和减少耗材，为公司创造了五十多万元的经济效益。由于这种装置的实用性与高效率性，蔺红霞他们为此申请了国家专利，而小丁由于出力最多，贡献最大，在蔺红霞的推荐下他被评为公司的先进工作者。

这样的成就，只是蔺红霞创新工作室取得的累累硕果之一，在这个创新平台的推动下，他们解决了上百项工程难题，累计申请了18项国家专利，每年创造的经济效益约有510万元。

蔺红霞劳模创新工作室，在某种程度上推动了技术人才的培养与焊接工艺的创新发展，展现出勇于探索、敢为人先、合作共赢的创新精神。它不仅仅是蔺红霞一个人的荣耀，还是整个工作室、莱芜建安公司，甚至整个莱芜的荣耀。

辉煌的成就：两进人民大会堂

2017年，这是蔺红霞在电焊岗位上深耕的第14个年头，在这一年里，她有幸作为山东省一线工人党员代表，光荣地参加中国共产党第十九次全国代表大会。

每每谈及自己成为党员这件事，蔺红霞就会想起父亲对她的教导与影响。

蔺红霞的父亲是一名老党员，从蔺红霞记事起，父亲似乎就是村里最热心肠的人。每逢村里办红事白事，父亲都要去帮忙，布置酒席、搬运东西、张罗接待……各处都能看见他的身影。邻居们有时遇到问题了、干活缺人手了，也会请他过来帮忙，父亲总是乐呵呵地去，再乐呵呵地回来。对于他来说，作为一名基层党员，最重要的就是为人民服务。

蔺红霞深受父亲的影响，心底也种下了一颗想要加入中国共产党的种子。这颗种子一直深埋在她心底，在父亲言传身教的灌溉中生根发芽，最终破土而出。

看见被称为"电焊之花"的女儿取得了许多优秀的成绩，

蔺红霞的父亲打心底里感到骄傲与自豪。一次，在蔺红霞回家探望他时，他语重心长地对蔺红霞说："你长大了，也出息了，我是真心地替你感到高兴，现在你在各方面做得都很优秀，有没有想过入党？"蔺红霞没有犹豫，当即斩钉截铁地答道："想过，但是我还是觉得自己不够成熟。"

每当入党的想法在心中萦绕盘旋，蔺红霞都对自己的思想觉悟与能力没有信心。父亲告诉她，中国共产党是中国工人阶级的先锋队，也是中国人民和中华民族的先锋队。思想可以学习，能力可以培养，蔺红霞作为一名获得过许多优秀技能奖项的一线工人，应当对自己有这个信心。

在听取了父亲的意见后，蔺红霞回到单位，向公司党组织递交了入党申请书。她记得父亲对自己说过，在递交申请后有一个考察期，在考察期内，她要做到在思想上向党组织靠拢，在行动上时刻用一个党员的标准去严格要求自己，于是蔺红霞开始积极学习党课，对中国共产党的历史与理论进行系统性的深入学习。课下，她也经常翻阅马列经典，从中她汲取到了中国广大劳动人民的优良品质与精神，除此之外，她还积极学习政治理论，向身边的党员学习，处处以他们为榜样，一段时间后，她的综合素质得到了大幅度提高，同时，在工作与学习上，她也取得了突出的进步。2015年，她正式成为一名共产党员。

一路走来，她成长了许多，见识了许多，但仍坚守着初

⊙ 2021年，蔺红霞参加山东省住建厅举办的"我为党旗添光彩
——最美建设者"巡讲活动

心——为人民服务。在战争爆发的动乱年代，中国共产党人前仆后继，领导中国人民获得解放，如今在和平年代，中国共产党人就是要以自己的担当和奉献，去帮助、服务人民群众。

蔺红霞成为党员以后，学着父亲的样子，与人为善、助人为乐，积极践行党员的职责。有一次，蔺红霞开车上班，行至半路，天上突然下起了大雨。就在蔺红霞擦拭后视镜上的雨水时，突然注意到路边有一位老人，拎着一大袋沉重的水果，在雨中蹒跚前行。这雨来得凶猛，没多久，老人就被雨淋得湿漉漉的，头发和衣服都湿透了。见此情景，蔺红霞将车停在老人身后，下车撑了一把伞走到她的面前，要将老人请上车。

由于雨太大，老人接受了她的好意，上了车。可一路上，老人还是怀着戒备心，她不解一个素昧平生的陌生人为什么愿意帮助她。蔺红霞看出了她的担忧，一路上用轻松的语气与亲和的态度与她交谈，让她放松下来，临下车前，她告诉老人："我是一名党员，为人民服务，应该的。"

将老人安全送到家以后，蔺红霞本准备就此离开，却被老人一把拉住，老人非常感激她，说什么都要把水果送给她，蔺红霞笑着拒绝了。

虽然这是一件小事，但从中可以看出蔺红霞时刻以一名共产党员的标准规范自己的一言一行，在她看来，这就是作为一名共产党员的本分。

2017年，蔺红霞作为一名产业工人党员代表赴京参加中国共产党第十九次全国代表大会。参会前，莱钢建安公司的各级领导高度重视——蔺红霞能够参会的光荣不仅属于她自己，更属于全国产业工人，领导强调，希望蔺红霞能够传达出一线产业工人的心声，认真听取大会报告、认真履行代表职责、牢记嘱托，不负众望，将党的十九大精神带回来！

2017年10月18日，蔺红霞怀着激动的心情来到人民大会堂前，抬头只见12根高25米的浅灰色大理石柱耸立在门前，顶上是一枚巨大的国徽，金色的五星在天安门之上散发出熠熠光辉，底部与两侧的齿轮与谷穗昭示着中华人民共和国是工人阶级领导的以工农联盟为基础的社会主义国家。进入人民大会堂，穿过中央大厅，前方有六座正门通向万人大礼堂。万人大礼堂是目前世界上最大的室内礼堂，总体积为8.1万立方米，一进门，蔺红霞就被礼堂高架的穹顶、宽阔的礼堂以及宏大的规模深深震撼，五百盏炽亮的星灯交相辉映，将巍巍红星捧在礼堂堂顶的正中间，就如"红星照耀中国"那句话一般。台上布置得规整严肃，台下席位可容纳万人就座，更衬得礼堂气势恢宏。

蔺红霞作为与会代表之一，看见如此宏伟的礼堂，心中满是自豪与激奋。不多时，大会开始，习近平总书记和其他党和国家领导人一同迈入会场，全场响起了经久不息的掌声。在习近平总书记代表十八届中央委员会做工作报告的3个小时里，蔺红霞全神贯注聆听着习总书记的报告内容，生怕漏掉了一个字。

作为一名基层工人代表，蔺红霞深刻感受到了党和国家对产业工人的尊重与关心，在大会期间，她与其他来自全国各地的代表们进行了交流与讨论，从中受益颇多。

从北京回来以后，蔺红霞备受鼓舞与激励，除了加强自身专业技术的学习，她还不断加强党的理论知识的学习，为的就是能将十九大精神内化于心，外化于行，让广大产业工人受到十九大精神的强大感召；在工作上，蔺红霞带领着劳模创新工作室，树立精益求精的工作理念，以劳动精神、创新精神和工匠精神不断推进技能技术的创新发展，带动企业创效增收。

蔺红霞恪尽职守，守正创新，2018年，她有幸当选为"齐鲁大工匠"。12月7日，由山东省总工会和山东省广播电视台联合举办的2018年"齐鲁大工匠"颁奖典礼如期举行，这次表彰的工匠，都是来自各个专业领域的技术尖兵，一共10人，大家在主办方的安排下依次上台领奖。

在这10位出类拔萃的工匠中，蔺红霞是唯一的女性，当她走上领奖台时，观众席爆发出阵阵惊叹，随后便是一阵热烈的掌声，面对大家对自己的夸赞与肯定，蔺红霞十分感动。感动之余，蔺红霞惊奇地发现，为她颁奖的人是有着"莱钢女杰"称号的丛桂凤女士！丛桂凤女士曾获得过"山东省劳模""全国先进女职工"等荣誉称号，是老一代女焊工的优秀代表。能

⊙ 2017年，蔺红霞参加中国共产党第十九次全国代表大会时留影

够有这样优秀的前辈为自己颁奖，蔺红霞心中满是激动，丛桂凤女士与蔺红霞亲切握手，将奖杯与奖状颁给了她，会场响起欢庆的乐曲，此时此刻，两代女焊工在"齐鲁大工匠"的舞台上，传递的不仅仅是奖杯，更是一种工匠精神与时代女性的巾帼风采，蔺红霞接过沉重的荣誉，只觉得手中的奖杯似乎也是一根接力棒，它承载了要将电焊行业辉煌成就赓续下去的重要使命。

为了展现工匠精神，营造劳动光荣的社会风尚，山东省总精心打造齐鲁大工匠创新工作室。蔺红霞等人耗时半年进行建设，最终，被赋予六大功能定位的齐鲁大工匠创新工作室落成，这六大功能定位分别是"政治引领的大讲堂""素质提升的练兵场""攻坚克难的主阵地""平凡创新的孵化器""匠心传承的接力站"以及"合作交流的大舞台"。齐鲁大工匠创新工作室的建设，不仅为技术工人提供了合作创新的平台，还遵循"工匠身边出工匠，劳模身边出劳模"的建设理念，让技术在口传心授中不断传承与发展，最终使劳模精神与工匠精神之花遍地开放，结出累累硕果。

2019年4月，蔺红霞被授予全国五一劳动奖章，这一次，表彰大会在北京人民大会堂举行。

第二次踏入人民大会堂时，蔺红霞胸前戴着一朵大红花，佩戴着红底金边的绶带，上面写着"全国五一劳动奖章获得者"，她的心情既光荣又自豪。上一次，她踏入人民大会堂，是代表奋斗在一线的基层党员去参加党的十九大，这一次，她代表着在社会主义建设中做出突出贡献的自己。同年，蔺红霞被评为"山东省优秀共产党员"，获此殊荣，她更加自觉地时时肩负起党员的职责，履行党员的义务，在生活中与工作中起到模范带头作用。

2021年7月1日，中国共产党迎来了光辉的百年诞辰，全国人民普天同庆、欢聚一堂，蔺红霞有幸作为五一劳动奖章获得者受邀参与中国共产党成立100周年庆典。天安门广场上张灯结彩，人头攒动，每个人都为见证这历史的一刻而感到兴奋不已。蔺红霞也沉浸在激动之中，突然，人群中传来阵阵惊呼，蔺红霞抬头，看见10架歼-10组成"71"字样的队形，从天空中呼啸而过，人群中，大家激动的心情像受到狂风鼓舞的火，激烈地燃烧起来，将每个人的心燃得噼里啪啦地响。

蔺红霞看着远去的"71"飞行编队，眼眶渐渐湿润，7月1日是党的生日，作为一名共产党员，她明白这个节日的重大意义：中国共产党一路走来，历经千难万险，致力于领导中国人民解放，走上社会主义的道路。如今，中国共产党在建设社会主义的道路上不断探索、不断进取，在实现中华民族伟大复兴的康庄大道上不断前进。一代又一代的红色薪火传承，曾经为共产主义事业抛头颅洒热血的先辈们，是否也能在另一个世界

⊙ 2018年，蔺红霞参加"齐鲁大工匠"颁奖典礼留影

看到今日的盛景？想到这里，蔺红霞不禁潸然泪下。

天安门城楼上，习近平总书记的发言激励人心，蔺红霞深刻地感受到，中国共产党的百年光辉历程来之不易，作为一名党员，她有义务铭记党的历史、坚定党的初心，以砥砺前行的斗志、奋勇前行的姿态，去开辟光明未来。作为一名基层党员，她今后将以更高的标准去严格要求自己的一言一行，在基层工作中时刻发挥党员的先锋模范作用，让胸前的党徽熠熠闪光。她将永远信党、敬党、爱党，并以实际行动去忠党、为党、耀党，在平凡的岗位上，攻坚克难、勇毅前行，努力在焊接领域中绽放出创新之花，用新的业绩、新的贡献，向党组织交出一份合格的答卷！

众人眼中的蔺红霞

在不同的人眼中，每个人都有不同的侧面，蔺红霞也是如此。

在同事眼中，蔺红霞是一个刻苦耐劳、奋发向上的人。若是有同事留心观察，便会发现蔺红霞每天都早出晚归，这个习惯从她当护士时就养成了。那时她技术不精，为了练习扎针，常常下班后还留下来练习，而这个习惯在她成为一名焊工以后也依旧保留了下来，只要她有空闲时间，同事们都能看见蔺红霞在废板上练习焊接技术。习得技术前，她每天都在练习平焊、立焊、仰焊；练习拿得稳、练习蹲得稳。习得技术后，她就开始钻研高难度焊接工艺、致力创新。每天，她都奋斗在焊接岗位上。这样的蔺红霞，无疑受到了每一位同事的尊敬。

在师傅眼中，蔺红霞是一个坚韧不拔，笃学力行的人。记得蔺红霞在练习仰位焊时，夙夜匪懈，十分刻苦。焊接时，从上方溅下来的火花落在她的身上，在她的衣服上烫出一个又一个小洞。由于她一焊就是好几个小时，等收工时，小洞已被烧成了大洞，她的工作服也变得破破烂烂的，像渔网似的，第二天，师傅发现她的工作服上面打满了补丁。实际上，衣服被烧破并不是什么大事，师傅真正赞许蔺红霞的地方，是她一声不吭地忍下了火星溅在皮肤上的灼痛。还记得蔺红霞刚入门学艺时，身边也有女学员，只是这些女学员都忍受不了电焊的危险，一个又一个借故离开了，最终只有蔺红霞，咬牙坚持到了今天，别人不能干的活，她都能去干，并干出了优异的成绩，这份顽强与坚毅，深深地打动了师傅。

在领导眼中，蔺红霞是一个积极进取、秀出班行的人。领导说，他对蔺红霞的印象是三个"没想到"，第一个是蔺红霞从前做的是护士工作，在经历了跨度如此大的工作变动以后，她还能做得那么好；第二个是蔺红霞作为一名女同志，虽然人非常瘦小，但在高炉大修中发挥的作用完全不输男同志，她不仅利用自己的身材优势灵活地处理焊缝，还经常和男同事比着干活；第三个是蔺红霞劳模创新工作室的发展，为莱钢培养了许多优秀的技术人才，同时解决了许多施工难题，取得了多项国家专利，为公司创造了巨大的经济效益。

在丈夫眼中，蔺红霞是一个感性要强、充满韧劲的人。蔺红霞的丈夫还记得，蔺红霞在参加技能比武时，每天凌晨五点就去培训中心练习实操，晚上回来以后就开始背理论，一直背到十二点，十分刻苦。为了让妻子能够安心比赛，蔺红霞的丈

⊙ 蔺红霞工作照

夫承担起了家务与照顾女儿的责任。为了能让蔺红霞早起吃到热乎的早饭，他也早起，精心准备；晚上妻子回家，他就准备好一盆热的洗脚水让她泡脚放松一下。蔺红霞非常感谢丈夫对自己无微不至的照顾，也很感激他能够默默地支持她的工作，有丈夫作为她生活的坚实后盾，蔺红霞感到很安心。

而在女儿眼中，蔺红霞是一个忙碌的人。女儿自记事以来，就知道妈妈是个非常忙碌的人，每天都是爸爸在悉心照料她。她的妈妈不是出差，就是经常参加各种比赛，常常早早就去上班了，很晚才回来。小时候，她不懂妈妈这份辛苦的意义，长大了以后，她才理解，每一块奖牌，每一份荣誉，都是妈妈用勤劳的双手干出来的。那双手，布满了火花灼烧留下的疤痕，也是那双手，撑起了这个家，让她不愁吃穿，过上了幸福的生活。

由于常常缺席孩子的成长，蔺红霞对女儿心怀愧疚。她深爱自己的女儿，也热爱她的工作，但是她需要辛勤工作让女儿过上好生活，这就造成了她无法陪伴女儿的局面。每当女儿问她："妈妈，你什么时候能够陪陪我？"蔺红霞的心中就充满了酸涩、不舍与愧疚，天底下没有母亲愿意和孩子分离，她只能一边尽力抽空陪伴女儿，一边希望能够得到女儿的谅解。

好在现在女儿长大了，她看见妈妈的一摞摞证书、一座座奖杯和一份份荣誉，看见妈妈成为劳模，当上了人大代表、成

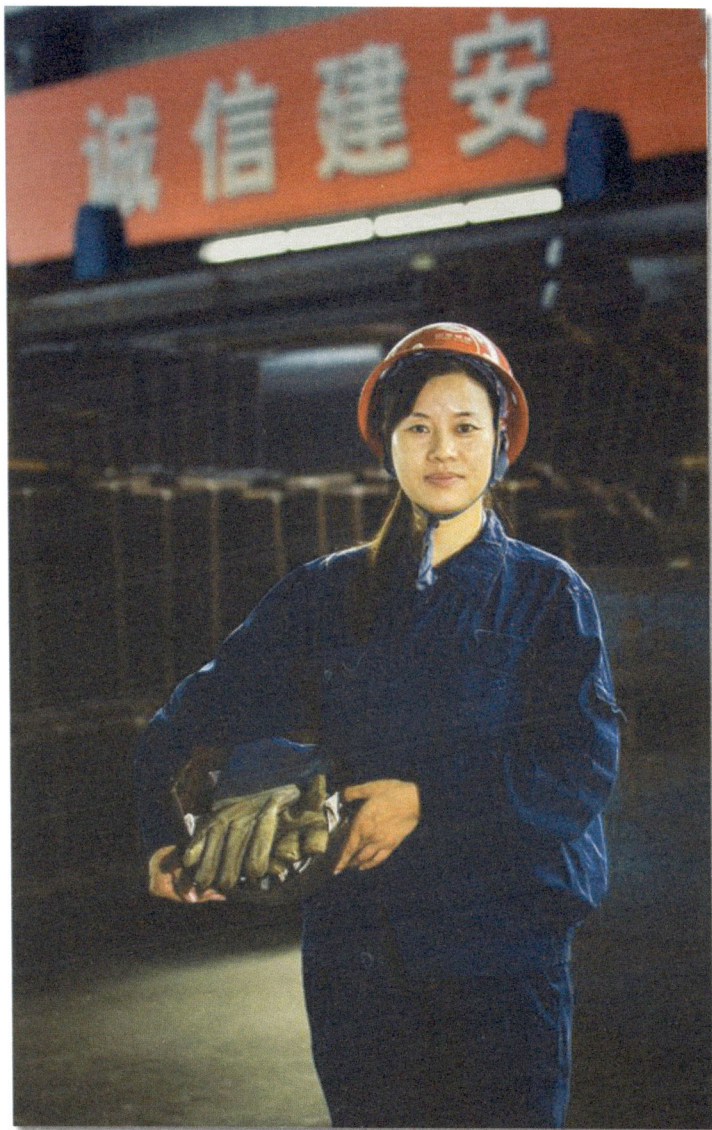

⊙ 蔺红霞工作照

为优秀党员，她很自豪自己能有这样优秀的妈妈，从今以后，她会以妈妈为榜样，在成长的路上不断激励自己、鞭策自己。

迄今为止，蔺红霞已经在电焊行业深耕了将近二十年。在这二十年里，蔺红霞一路成长，从一名门外汉成长为"钢铁织女""电焊之花"。在电焊这个岗位上，她一路攻坚克难，艰苦奋斗，不惧高空作业的危险，以勤学苦练的扎实功夫在高炉上绽放出最美的焊花。她以"咬定青山不放松"的顽强毅力不断提升自己的焊接技术，先后荣获多项全国技术性奖项，被授予"全国技术能手""齐鲁大工匠"称号，获得"全国五一劳动奖章"，被评为"山东省优秀共产党员"，先后建立"蔺红霞劳模创新工作室"和"齐鲁大工匠创新工作室"。

蔺红霞作为劳动模范，在电焊岗位上兢兢业业地工作，以爱岗敬业之心不断拼搏、不断奋斗、争创一流；以创新发展之能不断进步、不断提升，荣获专利；以大国工匠之道不断专注、不断精益、尽心雕琢……蔺红霞是推动社会主义建设的优秀技术人才，是工人阶级的优秀代表，是值得人们尊敬与效仿的最美劳动者。

"匠心筑梦，大国崛起"，如今，工匠精神已成为时代精神的生动标杆，展现了一线劳动者在生产生活中的精神面貌。包括蔺红霞在内的工匠们在中国共产党的领导下，不断进取、不断奋进、踔厉奋发、砥砺前行，为社会主义的建设发展起到不可忽视的推动作用，相信在将来，他们也能够坚守初心，勇担使命，为祖国的建设与发展贡献个人力量，为铺建社会主义现代化强国的康庄大道添砖加瓦！